# 비판적
# 사고력과
# 의사소통

본 저서는 교육부 및 한국연구재단의 대학혁신지원사업의 연구결과로 수행되었음.

# 비판적 사고력과 의사소통

신희선 · 조용길 · 경일대학교 교육과정혁신센터 공저

INFINITYBOOKS
인피니티북스

## 들어가며

대학 공부는 교양과 전공으로 나누어집니다. 자신의 관심과 진로에 따라 전공을 선택하여 심화된 공부를 하겠지만 기반이 되는 것은 교양교육입니다. 그 중에 사고와 표현교육은 대학 교육의 기본이 되는 기초교양교육입니다. 2020년 새로 개설된 〈비판적 사고력과 의사소통〉 교과는 경일대학교에 입학한 여러분들의 역량을 키워주기 위해 기획되었습니다. 단계적이고 계획적인 학습과정을 통해 사고력과 의사소통능력은 계발될 수 있기에 지속적으로 훈련할 수 있는 장을 마련하고자 합니다.

〈비판적 사고력과 의사소통〉 수업 목표는 세 가지입니다. 첫째, 논리적 · 비판적으로 인식하고 사고하는 능력을 기른다. 둘째, 설득력 있게 자신을 표현하는 능력을 기른다. 셋째, 발표와 토론에 필요한 원리를 익히고 실습을 통해 의사소통역량을 기른다. 이러한 목표를 명확히 하며 함께 만들어가는 수업이 되길 기대합니다. 우리 사회의 공적인 문제에 대해 문제의식을 갖고 탐구하고 조사하며, 합리적으로 문제를 해결하기 위해 비판적으로 사고하고 대안을 모색하는 협력적인 의사소통과정을 배우려는 것입니다.

교재는 1부 비판적 사고와 의사소통, 2부 발표의 이론과 실제, 3부 의사소통과 토론으로 구성되었습니다. 먼저 공적말하기의 이론과 원리를 배우고 직접 발표와 토론을 실습하며, 이를 함께 평가하고 피드백을 제공하는 구조로 진행됩니다. 활동 중심의 수업과정으로 운영될 예정이기에 주체적으로 참여하며 대학공부의 기초를 다지길 기대합니다.

이제 대학에서의 생활이 시작되었습니다. 각자 WHY, WHAT, HOW의 질문을 갖고 〈비판적 사고력과 의사소통〉 교육과정에 적극적으로 참여하길 바랍니다. '왜' 비판적 사고와 의사소통 능력이 중요한가?, 이 교과에서는 '무엇을' 배우는가?, 수업은 '어떻게' 진행되는가? 와 같은 질문을 던지며 수업과정을 통해 스스로 답을 찾아가는 시간이 되길 바랍니다. 자신의 생각을 정립하고 타인들과 나누면서 세상에 대한 질문능력과 소통능력을 키워가길 바랍니다.

조별로 모여 앉아 서로의 생각을 나누며 함께 발표와 토론을 준비하고 실습하는 협동학습으로 진행되는 수업입니다. 그 시간이 모두가 즐겁게 떠들다가는 '시끄러운' 소통의 장이 되길 기대합니다. 경일대학교에서 새로운 생활이 시작된 여러분 모두가 '신(新) 인재'로 거듭나길 응원합니다. 그 길의 시작에 〈비판적 사고력과 의사소통〉이 함께 합니다.

2020년 2월 20일
신희선, 조용길
경일대학교 교육과정혁신센터

## 차 례

## PART 3 | 의사소통과 토론

PART

# 1

# 비판적 사고와 의사소통능력

# 01

# 의사소통능력은 **무엇인가?**

## Guide

〈비판적 사고력과 의사소통〉 수업의 출발점은 의사소통능력에 대한 올바른 인식을 갖는 것이다. 과거 권위주의 시절에 일방적인 의사전달능력이 아닌 쌍방 간에 자유롭게 의견을 주고받는 과정이 의사소통이고, 이러한 과정을 매끄럽게 만들어가는 능력이나 소양이 의사소통능력이다. 즉 의사소통능력은 어떠한 압박이나 통제 없이 화자와 청자 그리고 청자와 화자가 사안에 대한 자신의 생각을 자유롭게 펼치고, 그 과정에서 나타나는 대립적 가치나 견해를 조율하며 의사결정의 합의를 이끌어내는 것까지 포괄하는 통합적 능력이라고 할 수 있다. 이 장에서는 의사소통능력에 대한 구체적인 내용과 조건에 대해 살펴봄으로써 의사소통에 대한 올바른 인식을 갖도록 한다.

인간은 호모로퀜스Homo Loquens다. 언어를 통해 자신의 생각을 표현하고 다른 사람들과 소통하는 언어적 존재다. 인간은 언어 없이는 살 수 없다. 혼자서 아무 말을 하지 않더라도 머릿속으로는 언어적 사고 활동을 하고 있다. 대니얼 디포Daniel Defoe의 소설속 주인공인 '로빈슨 크루소'의 경우도 외딴 섬에 고립되어 생활했어도 자신의 일상을 언어로 표현하고 기록하며 지내는 것만 보더라도 언어가 없이 인간은 살아갈 수 없다. 언어는 사고가 전제되지 않고는 성립될 수 없다. 동시에 언어는 개인의 사고를 형성하게 하는 도구이기도 하다. 이처럼 언어는 사람이 자신의 사고를 표현하기 위해 존재하는 것이다.

**〈사고(思考)와 의사소통(意思疏通)〉**

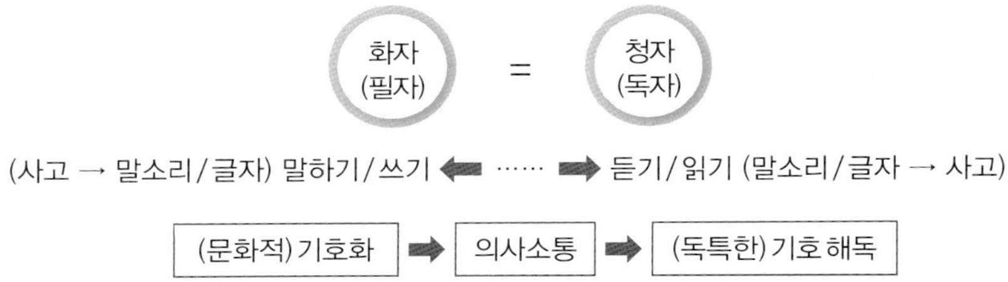


인간의 사고와 의사소통의 과정은 위와 같이 이루어진다. '의사(意思)'란 전하려고 하는 의미와 사고를 뜻하고 '소통(疏通)'이란 서로의 생각을 주고받는다는 것을 말한다. 의사소통이 입말로 이루어지면 화자와 청자의 관계가 성립하고 글로 이루어지면 필자와 독자의 관계가 성립하는 것이다. 즉 구어적 의사소통은 말하는 이와 말을 듣는 이가 언어라는 수단을 통해 생각을 주고받는 행위를 말한다. 이처럼 인간의 의사소통은 일방적인 전달과정이 아닌 어떤 문화적 맥락속에서 화자가 청자가 되고 청자가 화자가 되는 상호작용이자 사고의 교환인 것이다.

이런 점에서 의사소통은 몇 가지 원칙을 전제한다. 먼저 '한쌍의 원칙'은 대화의 형식적 조건으로 최소한 2인이 참여한다는 것이다. '문제해결의 원칙'과 '실용의 원칙'은 의사소통은 문제해결을 위한 특정 목적을 지향할 뿐만 아니라, 실제적 결과를 도출할 수 있어야 되는 발전 지향적인 과정이라는 것이다. '선험지식 불완전성의 원칙'은 특정 사안에 대한 기존 지식이나 견해는 불완전하다는 인식이다. 이는 다른 생각이나 견해를 틀린 것으로 보고 배척하는 것이 아니라 존중하고 인정할 수 있는 토대를 제공한다. 즉 의사소통은 나와 다른 것에 대한 포용과 존중을 담고 있어야 함을 의미한다. '순수 의사소통의 원칙'은 소통과정에 외부의 조건이나 힘이 개입해서는 안 된다는 것이다. 이는 소통 환경과 관련되는 것으로 수직적인 권력이나 영향력의 차이가 소통 결과를 좌지우지해서는 안 된다는 것이다.

의사소통은 쌍방향적으로 의사전달이 이루어지는 과정이고, 이런 과정을 매끄럽게 하는 능력이나 소양이 바로 의사소통능력이다. 즉 의사소통능력은 어떤 사안에 대한 쌍방 간에 의견을 주고받고 상호 의견조율을 통해 공통의 이해를 창출하는 능력이라고 할 수 있다. 그러면 이러한 의사소통능력을 갖추기 위해서는 어떤 조건을 구비해야 할까? 고대 그리스 철학자 소크라테스가 나누었던 문답법은 이상적인 의사소통의 전형으로 삼을 수 있다. 질문하고 답변하는 가운데 스스로 진리에 도달할 수 있는 대화가 그것이다.

**Exercise** | 평소 친구들과 의사소통 하는 모습을 동영상에 담아 보고, 자신의 언어적 습관과 목소리, 시선, 표정, 동작 등을 객관적으로 관찰해 어떤 특징이 있는지 분석해 보자.

토론에 필요한 의사소통능력은 타인과 충분히 의견을 교환함으로써 대립되는 가치를 찾아내고, 쟁점의 조정과 타협을 시도하면서 문제해결을 위한 합의를 도출하는 능력을 말한다. 이를 위해서는 먼저 상대방 의견에 대한 존중과 인정이 필수적이다. 차이는 극복의 대상이지 타도나 무시의 대상이 아니다. 차이를 극복하기 위해서는 상대 입장을 존중하며 인정할 것은 인정하는 자세가 필요하다. 나아가 문제를 해결하고 합의점을 도출하기 위해 필요하다면 자신의 기존 입장도 수정할 수 있고 심지어 버릴 수도 있다는 자세가 필요하다. 상대방 입장에 대한 존중과 인정, 자신의 입장을 변화시킬 수 있는 유연성은 협력적인 의사소통능력을 반영한다. 즉 의사소통능력에는 특정 사안에 대해 자신의 입장을 효율적으로 피력하는 능력뿐만 아니라 좀 더 나은 합의를 모색하기 위한 협력 능력도 포함되는 것이다.

Tips

### 그라이스의 '협동의 원리co-operative principle'

- **양의 격률**the maxim of quantity – 말하기 목적에 필요한 만큼의 정보를 제공하고 필요한 것 이상의 정보를 제공하지 말라는 것이다. 청자와 상황을 분석하여 정보를 취사선택하여 부족하지도, 넘치지도 않는 적정한 분량으로 내용을 구성해야 한다.
- **질의 격률**the maxim of quality – 타당한 증거를 갖고 있지 않은 것은 말하지 말라는 것이다. 화자가 말을 유리하게 하기 위해 거짓 증거를 대거나 아전인수격의 논리를 펼치며 사실 관계를 왜곡하는 태도는 지양해야 한다.
- **관련성의 격률**the maxim of relevance – 말하기는 때와 장소, 상황과 목적에 적합해야 한다. 별 내용 없이 장황하게 늘어놓지 않도록 여건과 상황 등의 객관적 조건을 고려하여 주제와 관련이 있는 적절한 내용을 선택해야 한다.
- **표현 형식의 격률**the maxim of manner – 말을 할 때는 모호성, 중의성을 피하고 체계적이며 간결하게 하라는 것이다. 청자에게 효과적으로 전달될 수 있는 표현방식을 고려해서 말하는 것이다.

이런 점에서 의사소통 문제를 다룰 때 대표적으로 거론되는 이론이 있다. 먼저 그라이스Grice의 협동의 원리이다. 자신의 입장을 효율적으로 개진하기 위해 '양의 원칙, 질의 원칙, 관련성의 원칙, 표현형식의 원칙'을 유념해야 한다는 것이다. 또한 의사소통의 협력성과 관련해서는 브라운과 레빈슨Brown & Levinson과 리치Leech의 공손원칙을 적용해야 한다. 공손의 원리는 상대방의 가치나 욕구를 존중하고 언어적으로 이를 반영하고 있다는 것이다. 상대방을 배려하는 것은 소통에 있어서 보다 중요한 상대방의 마음을 얻는 길이며, 이는 결국 공통의 합의나 대안을 만들어가는 목적에도 기여할 수 있다. 이런 맥락에서 리치가 제시한 '공손의 원칙'을 참고할 필요가 있다.

결국 의사소통능력은 그라이스의 효율적인 언어사용 원칙과 리치의 관계적 언어사용 원칙들을 함께 반영하는 능력이라 하겠다. 효율성의 원칙이 화자 자신의 말 논리나 설득력에 주안점을 둔다면, 관계성의 원칙은 청자의 감성이나 사회적 에티켓에 주안점을 둔 것이다. 이 둘은 소통의 상황에 따라 경중을 달리하며 적용된다. 예컨대 논리를 핵심으로 하는 토론이라면 효율성의 원칙이 주로 적용될 것이고, 정서적 교감이 중요한 상담 대화의 경우는 관계성의 원칙이 주도할 것이다. 이처럼 의사소통능력은 언어사용의 효율적 측면과 관계적 측면, 즉 화자 자신의 말 논리와 청자에 대한 정서적 배려 및 사회적 에티켓 준수 등을 모두 망라하는 통합적 능력이라고 할 수 있다. 이러한 의사소통의 원칙들은 시대와 문화권을 초월하는 보편적 가치를 지니는 의사소통의 조건이다.

우리 사회에서 일어나는 갖가지 사회적 갈등은 바로 이러한 의사소통의 원칙들을 준수하지 않는데 원인이 있다. 한국 사회의 의사소통 문화는 과거 권위주의 시절의 가치나 소통방식에 의해 왜곡되었고 의사결정은 일방적이었다. 대화 참여자들의 힘의 불균형 속에서 의사소통이 이루어졌다. 주로 메시지의 전달과 이해의 차원에서 이루어졌기에 소통이 잘 안 되는 경우 주로 논리가 맞지 않거나 인지적 능력의 부족으로 여겨졌다. 상대방 입장을 잘 듣기 보다는 자신의 입장을 강변하며 상대방 의견에 대해 평가절하와 비판을 위한 비판이 난무하는 행태가 반복되었다.

Tips

### 리치의 '공손의 원리politeness principle'

- **요령의 격률**tact maxim – 청자가 부담을 가질 만한 표현은 최소화하고 상대방에게 도움이나 이익이 되는 말을 한다. 간접적이고 우회적인 표현을 많이 사용한다.
- **아량의 격률**generosity maxim – 청자의 마음을 안심시키는 관용과 아량의 모습을 보여주어야 한다. 가능한 부담은 화자가 감당하려는 자세로 표현한다.
- **찬동의 격률**approbation maxim – 청자에 대한 비방을 최소화하고 청자의 의견에 동의하며 칭찬을 최대화한다.
- **겸양에 관한 격률**modest maxim – 청자에 대한 칭찬은 최대로, 화자 자신에 대해 서는 자랑거리가 있더라도 가능한 한 최소화하는 겸손의 태도를 취해야 한다.
- **동의의 격률**agreement maxim – 화자와 청자 사이의 의견이 일치되지 못하더라도 서로 상대를 존중하는 태도를 지녀야 한다. 청자를 배려하고 존중하여 상대의 의견을 인정하고 일치하는 표현을 최대화 한다.
- **동정의 격률**sympathy maxim – 화자와 청자간의 나쁜 감정을 최소화하고 동정심을 갖고 대한다. 서로 의견이 다를 때도 감정 충돌을 최대한 피하고 상대방이 느끼는 감정을 이해한다는 표현을 최대한 쓰도록 한다.
- **표현 방식의 격률**manner maxim – 대화할 때 부적절하게 끼어들거나 화자의 말에 아무런 반응을 보이지 않거나 침묵하지 말아야 한다. 자연스럽고 부드럽게 대화가 이어지도록 노력해야 한다.

따라서 오늘날 한국사회의 많은 갈등은 의사소통 자체의 문제라기보다 오히려 논리에만 경도된 의사소통 방식에서 발생된 경우가 적지 않다고 하겠다. 이로 인해 의사소통 과정이 소모적으로 되고 사회적 갈등이 증폭되는 결과를 가져왔다. 한국 사회에 필요한 것은 소크라테스의 고전적 원칙들이 지켜지는 소통환경의 조성이라고 하겠다.

각종 대중매체와 SNS에 둘러싸인 요즘 우리는 원하건 원하지 않건 수많은 말들을 듣고 말하며 일상을 살아간다. 문제는 우리 자신이 인터넷과 스마트폰 등의 기기에 너무 많이 의존하다 보니 생각하지 않고 타인을 배려하지 않는 사람들이 되고 있다. 또한 축약된 문자와 이모티콘으로 소통하는 시대가 되면서 형식과 내용을 갖추어 의사소통 하는 것을 어렵게 여기는 상황이 되고 있다. 아무리 좋은 내용이라도 형식적 요건이 갖추어지지 않으면 잘 전달될 수 없다. 반대로 형식이 갖추어져 있어도 내용이 부실한 경우 속 빈 강정일 수밖에 없다. 그런 점에서 다양한 관점에서 깊게 사고하는 의식적인 교육과 훈련이 필요하다. 비판적 사고와 의사소통능력을 개발하기 위한 교육과정이 더욱 중요해지고 있는 시대다.

**Exercise** | 다음의 칼럼을 읽고 인간에게 커뮤니케이션이 왜 중요하고 어떻게 말하는 것이 좋은지 옆 사람과 짝을 지어 서로의 생각을 나눠 보자.

말의 의미는 단어 속에 있는 것이 아니다. 듣는 사람의 귓속에 있다. 말하는 사람은 자신의 메시지를 전달한다고 생각되는 말을 골라서 쓴다. 그렇지만, 듣는 사람은 자신이 생각할 때 그 말이 가진 '의미'라고 생각되는 것만을 골라서 듣는다. 그래서 말하는 사람은 '아'라고 명확하게 말했다고 생각하는데도, 듣는 사람은 '어'라고 했다고 생각하는 상황이 벌어진다. 그러면 나의 진심이 잘못 전달됐을 때는 누구의 잘못인가? 말하는 사람의 잘못이다. 듣는 사람이 나의 진심을 제대로 이해하도록 말하지 못했기 때문이다. 저 사람이 잘못 알아들었다고 탓할 일이 아니다.

커뮤니케이션의 목표는 내가 하고 싶은 말을 하는 데 있는 것이 아니다. 말하는 사람과 듣는 사람이 '의미'를 공유하자는 데 있다. '의미'가 공유되지 않는 커뮤니케이션은 아무 의미가 없다. 이야기를 할 때, '내가 하고 싶은 말'만 하는 것은 '화자 중심의 화법'이다. 듣는 사람을 염두에 두고 말하는 것은 '청자 중심의 화법'이다. 설득력 있는 말은 늘 듣는 사람 중심이다. 대화를 할 때는 듣는 사람 위주로, 연설에서는 청중 중심으로, 비즈니스에서는 소비자 중심으로 가야 한다.

'텍스트'를 전달하는 상황, 즉 '컨텍스트'에 맞는 방식으로 전달하는 것도 중요하다. '설득력 있는 메시지'를 전달하는 것이란 바로 이 '텍스트'와 '컨텍스트'의 조화에서 나온다. '텍스트'는 말하는 내용, 메시지다. 핵심적인 내용을 어떻게 하면 흡인력 있게, 설득력 있게 감동을 주면서 메시지로 구성하는가의 문제이다. '컨텍스트'는 그렇게 만들어진 메시지가 전달되는 상황이다. 상황에 맞지 않으면 아무리 좋은 '메시지'도 힘을 잃고 만다.

다 같은 말이라도 '아' 다르고 '어' 다르다. 특히 사람의 마음을 움직이는 메시지를 만들어내는 데는 표현이 중요하다. '수사rhetoric'라는 것이 필요한 것도 이 때문이다. 직설적으로 말해야 좋은 때가 있고, 간접적으로 표현해야 좋은 때가 있다. 이성적인 판단을 끌어내야 할 때가 있고, 감성에 호소해야 할 때가 있다. '공격'과 '수비'의 때가 따로 있다.

마음을 움직이려면 '수사rhetoric'를 적절히 구사할 수 있어야 한다. 그래야 힘 있는 메시지로 사람들의 공감대를 형성할 수 있다. 직설적인 표현만이 능사는 아니다. 커뮤니케이션에는 콘텐츠와 스타일이 다 중요하다. 말에도 내용과 포장이 다 중요하다.

**Exercise** | 자신의 경우 비판적 사고와 의사소통능력이 있다고 생각하는지 혹은 그렇지 않다면 어떤 점이 부족하다고 생각하는지 스스로 자신의 말하기를 점검해 보자.

**Exercise** | 말을 잘 한다고 생각되는 사람들을 주변에서 찾아보고 어떤 특징이 있는지 얘기해 보자. 방송이나 대중매체에서 누구나 볼 수 있는 정치인, 연예인 중에서 사례를 들어 구체적으로 분석해 보자.

# 02

# 왜 비판적 사고가 **중요한가?**

## Guide

의사소통을 위해서 왜 비판적 사고가 중요한가? 의사소통의 중요한 요소는 상대방의 의견을 존중하고 포용하는 것이다. 이는 상대방의 의견을 무비판적으로 받아들이는 것을 말하는 것이 아니다. 상대방의 의견을 존중하지만 이를 비판적으로 검토하여 오류나 한계점이 있다면 지적하고 자기 나름의 대안을 제시하는 것이 더 나은 소통의 결과를 도출할 수 있다. 따라서 비판적 사고는 타인에게만 겨냥되어서는 안 된다. 비판적 사고는 자신의 관점이나 견해도 틀릴 수 있다는 전제 하에 자신의 생각을 비판하고 성찰하는 것, 나아가 문제를 해결할 수 있는 대안을 모색하는 자세를 포함하는 것이다. 결국 열린 소통, 더 나은 대안을 만들기 위한 소통은 비판적 사고로부터 시작한다. 비판적 사고의 이러한 역할과 기능에 대해 구체적으로 살펴보고자 한다.

비판적 사고가 중요한 이유는 무엇인가? 민주주의는 비판적 사고능력에 기반하기 때문이다. 성숙한 시민의식은 민주주의의 뿌리다. 예를 들어 제2차 세계대전이 끝나고 '나치의 만행을 답습하지 않으려면 어떻게 해야 될 것인가'를 고민하면서 독일이 선택한 해결책은 '성숙한 시민'을 육성하는 것이었다. 민주적인 시민의식은 차이를 인정하고 다양성을 수용하는 것이다. 모든 것을 당연하게 여기고 무조건적으로 받아들이는 수동적인 자세가 아니라 비판적 사고과정을 필요로 한다. 서로 다른 생각과 다양한 의견이 오고가는 가운데 문제를 합리적으로 해결해 가는 열린 과정에 비판적 사고와 민주주의는 존재한다.

점점 더 가치가 다원화되고 있는 현대사회는 다양한 이해관계와 의견들이 충돌하기 쉽다. 이에 하나의 관점에만 매몰되지 않고 반대 입장도 생각해 보며 자신의 입장 너머 상대의 논리도 공감할 수 있는 소통의 자세가 더욱 필요해지고 있다. 결론이 중요한 게 아니라 문제해결을 위해 비판적으로 사고하고 민주적으로 의사소통하는 과정이 전제 되어야 한다.

더구나 4차 산업혁명시대를 맞이하여 계속 발달하고 있는 인공지능이 해낼 수 없는 것이 비판적 사고다. 비판적 사고의 핵심이 판단과 평가이기 때문이다. 수없이 쏟아지고 있는 정보 속에서 양질의 정보를 선택하고, 가짜 뉴스가 범람하는 상황에서 진실을 발견하기 위해서는 더욱 더 비판적 사고가 필요하다. 0과 1로 나눌 수 없는 정보들 가운데 불투명하고 복합적인 의미를 제대로 해석하고 더 나은 의견을 제시하기 위해 필요한 것이 비판적 사고다.

비판적 사고가 더 큰 의미를 지니기 위해서는 기존 관점이나 지식의 문제들을 비판하는 것에 멈추지 않고, 문제를 해결할 수 있는 창의적 대안을 만들어내는 데 있다. 궁극적으로 비판적 사고는 기존보다 나은 대안을 창출하기 위한 사고로 이어져야 한다. 이를 위해 사안에 대한 타인의 관점에 문제를 제기함과 더불어 보다 타당하다고 믿는 자신의 대안적 관점을 제시하고 설명해야 한다. 나아가 이런 대안적 관점은 또 다른 새로운 관점에 의해 비판받고 좀 더 나은 방향으로 나아가는 선순환적 의사소통이 되도록 나아가야 한다.

대안에 초점을 둔 선순환적 의사소통을 위해서 비판적 사고는 타인의 관점뿐만 아니라 자신의 관점에 대해서도 적용되어야 한다. 사안을 보는 자신의 관점도 잘못되었거나 왜곡될 수 있다는 가능성을 인정하고 성찰하는 자세는 자신의 생각에 대한 타인의 비판을 포용할 수 있도록 한다. 따라서 자신의 것에 대해서도 비판하고 성찰하는 비판적 사고는 열린 소통을 가능케 하는 힘이 된다.

그런 이유로 대학에서 무엇을 배워야 할 것인지 질문할 필요가 있다. 문자 그대로의 의미처럼 큰 배움이 이루어지는 곳이 '대학(大學)'이라면 학생 스스로 공부하는 법을 익히도록 훈련하는 도장이 되어야 한다. 문제의식을 갖고 지식을 찾아가는 방법을 배우는 곳이 대학이다. 중요한 것은 깊이 생각하고 스스로 문제를 해결하는 방법을 배우는 것이다. 이는 비판적 사고를 통해 질문하고 토론하는 습관을 통해 키워질 수 있다.

기업과 사회에서도 의사소통능력과 대안창출 능력을 가진 인재를 요구하고 있다. 취업과 마케팅 현장에서도 사고와 표현능력이 중시되고 있다. 지식정보화 사회가 되면서 이러한 능력은 더욱 중요하게 평가되고 있다. 정보의 바다에서 핵심정보를 취사 선별하는 비판적 사고능력과 문제해결의 대안을 위해 효과적으로 의사소통하는 능력이 중요한 역량이 되고 있는 것이다.

이는 대학에서 공적말하기public speaking를 교육하는 이유이다. 대중 앞에서 자기 자신의 생각을 표현하고 드러내며 설득하고 대안을 모색하는 방법을 익히기 위함이다. 발표와 토론을 준비하며 특정 주제에 대해 깊게 조사하고 관련 지식과 정보를 주체적으로 습득하고 정리하는 과정에서 자연스럽게 사고와 표현역량이 키워지게 될 것이다. 또한 자신의 생각이나 신념을 공적인 자리에서 말하는 경험을 통해 무엇보다 자신감을 키우게 될 것이다. 대학의 비판적 사고와 의사소통 교육을 통해 더 이상 수동적인 학습자가 아니라 스스로 주체적인 학습자가 되어 주도적으로 참여하는 가운데 성장하게 될 것이다.

이제 시대가 바뀌었다. 전문가들이 이야기하는 새 시대의 인재상은 크게 3가지로 압축된다. 스페셜리스트Specialist, 제너럴리스트Generalist, 휴머니스트Humanist의 3박자를 골고루 갖추어야 한다는 것이다.

스페셜리스트는 자신이 속한 분야에서 최고의 전문가라고 할 수 있겠다. 스페셜리스트가 되려면 우선 확고한 꿈을 가져야 하고, 자신의 적성을 파악해야 한다. 그리고 자신이 가고자 하는 길을 찾았다면 중단 없이 앞으로 전진하는 추진력이 필요하다.

'T'자형 인재라는 말이 있다. 세로의 'I'는 전문가로서의 깊이를, 가로의 '-'는 다방면에 걸쳐 두루두루 많은 것을 앎을 뜻한다.

여기에서 가로에 해당되는 것이 바로 제너럴리스트다. 이는 나무도 보고 숲도 볼 줄 알아야 한다는 말과도 상통한다. 기업에 비유하자면 기술자는 경영을 알아야 하고, 관리자는 기술을 알아야 한다는 이야기다.

제너럴리스트는 어찌 보면 스페셜리스트와는 상반되는 개념일 수도 있다. 그러나 급변하는 환경 속의 평생 교육 시대는 우리에게 상당한 수준의 폭 넓고 깊이 있는 지식을 요구한다. 항상 모든 것을 넓은 안목으로 보고 다양한 분야의 공부를 해야 한다.

이제 'T'자형 인재로도 미흡하다. '+'형 인재가 되어야 한다. '+'의 가로는 'I'의 가로와 다르게 절반 정도 내려와 있다. 이는 수박 겉핥기식의 제너럴리스트가 아니라 반전문가semi-professional가 되어야 한다는 뜻이다.

휴머니스트는 남의 입장을 헤아릴 줄 알고 협력할 때는 기꺼이 협력하는 사람이다. 협력의 출발점은 바로 상대방의 입장에서 생각하고 행동하는 데 있다. 또한 언제든 상대로부터 흔쾌히 협력을 얻어낼 수 있는 밝고 고운 심성과 폭넓은 휴먼 네트워크를 가진 사람이다. 휴머니스트에게 요구되는 또 하나의 덕목은 자기 통제 능력이다. 이는 어떤 환경에 부딪치게 되더라도 자신의 책무를 다하는 자세, 최악의 상황까지도 수용할 수 있는 마음가짐 등의 강인한 의지 및 고난극복능력을 말한다. 이러한 마음가짐과 자세는 결국 다른 사람과의 협력에 매우 중요한 바탕이 된다.

**Exercise** | 위의 글을 읽고 미래 사회에서 요구되는 인재는 어떤 모습이고, 대학생활을 통해 무엇을 준비해야 좋은지 서로의 생각을 나눠 보자.

**Exercise** | EBS 〈지식채널 e〉 "위대한 질문" 동영상을 찾아보고 인상 깊은 점들을 얘기하고 대학의 의미와 대학생으로서 자신의 마음가짐을 동료들과 나누어보자.

# 03

# 공적 말하기와 **경청**

## Guide

〈비판적 사고력과 의사소통〉 수업에서 다루는 영역은 사적인 대화가 아니라 공적인 말하기인 발표와 토론이다. 정보전달형 프레젠테이션과 설득형 연설, 찬반토론과 같은 공적 말하기 과정에서 어떻게 하면 효과적으로 메시지를 전달할 수 있는지 기본적으로 유념해야 할 점을 살펴보고자 한다. 나아가 공적 말하기 상황에서 경청의 자세는 협력적인 의사소통과정이 가능하게 하므로 그 의미를 생각해 보고자 한다.

공적(公的) 말하기는 공적인 상황에서 공공의 주제를 갖고 공익을 목적으로 이루어지는 말하기를 의미한다. 사적(私的) 말하기가 개인적이고 사적인 공간에서 일상적으로 나누는 대화를 말한다면 공적 말하기Public Speaking는 공적인 공간에서 이루어지는 의사소통을 의미한다. 공적말하기에서 다루어지는 주제는 개인의 사적인 취향이나 기호의 문제가 아니라 공공성을 지닌 문제를 다룬다.

일반적으로 말하기는 목적에 따라 설명, 보고, 설득, 오락 등의 기능을 갖는다. 여기서는 발표와 토론을 중심으로 살펴보고자 한다. 발표는 한 사람의 화자가 다수의 청중을 대상으로 정보와 의사를 전달하는 공적말하기다. 대통령이 국민을 상대로 하는 국정 연설에서부터 교수가 학생들에게 하는 강의나 강연, 회사원이 사업 기획안을 브리핑하거나 프레젠테이션을 하는 것 등이 발표의 전형적인 사례다. 좁은 의미의 정보전달형 프레젠테이션은 주로 설명을 하는 방식으로 진행된다. 청중이 아직 모르고 있거나 불충분하게 알고 있는 지식이나 정보를 구체적으로 설명하여 이해시키는 경우를 말한다.

설득은 주로 연설과 토론에서 강조된다. 청자에게 자신의 주장을 호소하여 화자가 의도한 대로 행동하거나 생각하도록 만드는 것이 설득이다. 이런 점에서 설득은 두 가지 이상의 견해가 존재하여 논쟁의 가능성이 있는 상황에서 일어난다. 양자 간에 견해 차이가 존재할 때 바로 설득의 필요성이 제기되기 때문이다. 자유롭게 정보와 의견을 교환하는 토의와는 달리 논쟁적인 성격의 토론은 두 명 이상의 사람들이 어떤 문제나 쟁점에 대해 자신의 입장을 주장하며 상대와 청중을 설득하는 말하기다. 법정에서 검사와 변호사가 공방을 벌이는 과정, 국회에서 여야 의원간의 정책 논쟁 등과 같이 주장과 비판이 오고 가면서 해결책을 모색하는 화법을 의미한다.

**Exercise** | 공적말하기를 잘 하기 위해 유념해야 할 점을 SPEAKING의 영어 이니셜을 활용하여 기본 원리와 방법을 생각해보고 다음의 빈 칸을 정리해 보자.

| | 영어단어 | 중요한 이유 | 사례 찾기 |
|---|---|---|---|
| S | Smile | 미소를 짓는 얼굴로 상대와 마주하면 분위기가 밝아진다 | "웃는 얼굴에 침 못뱉는다"는 속담을 보더라도 논쟁 상황에서도 미소를 잃지 않고 메시지를 전달하는 게 좋다 |
| P | | | |
| E | | | |
| A | | | |
| K | | | |
| I | | | |
| N | | | |
| G | | | |

의사소통능력을 갖춘 사람은 자신의 의사를 정확하고 효과적으로 전달하고 상대방의 이야기를 잘 듣는다. 듣기 능력은 성공적인 말하기의 중요한 전제다. 바람직한 듣기의 태도는 사적 대화만이 아니라 발표와 토론

과 같은 공적 말하기 상황에서도 중요하다. 잘 듣는다는 것은 들리는 말에만 관심을 갖는다는 것이 아니다. 화자를 존중하고 말의 뜻을 이해하려고 노력하며 반응하는 것을 의미한다. 화자의 말을 듣는 둥 마는 둥 하는 것에서부터 공감하고 이해하며 깨닫는 듣기에 이르기까지 다양한 레벨이 있다.

듣기는 청중의 태도와 의사소통방식에 따라 다음과 같이 구분될 수 있다. 먼저 '무시'의 단계는 화자가 무슨 말을 하는지 전혀 관심이 없고 의도적으로 말을 듣지 않는 것을 말한다. '듣는 척' 단계는 화자가 말하는 내용에 집중하지 않고 단지 듣는 시늉만 하는 것을 말한다. '선택적 듣기'는 자신에게 필요한 내용만 듣고 나머지는 흘려서 듣는 태도를 의미한다. '집중적 듣기'는 화자가 하는 말에 최대한 집중하여 무슨 말을 하는지 내용을 분석하며 듣는 것을 말한다. 상대방이 하는 말의 의미를 면밀하게 검토하며 자신의 경험이나 배경 지식을 동원하여 내용을 분석하고 비판하며 듣는 것이다. 듣기의 최고의 레벨인 '공감적 듣기'는 상대방의 생각이나 감정을 좀 더 가깝게 이해하고자 마음을 소통하며 듣는 태도를 말한다. 자신의 견해를 개입시키지 않고 있는 그대로 상대방의 말을 가슴의 귀로 들어주는 자세를 말한다. 감정이입을 통해 말하는 이의 마음까지 헤아려 이해해주려고 듣는 태도가 공감청 경청의 단계라고 할 것이다. 성공적인 의사소통을 위해서는 단순히 듣는 듣기hearing가 아니라 몸과 마음을 기울여 듣는 경청listening이 이루어져야 한다.

**Exercise** | 나는 상대가 하는 말에 집중하여 듣는 편인가? 경청을 방해하는 원인이 무엇인지 분석해 보고, 효과적인 경청을 하려면 어떻게 노력해야 할지 얘기해 보자.

〈비판적 사고력과 의사소통〉 수업은 공적 말하기의 영역에서 이루어지는 발표와 토론의 말하기를 익힌다. 발표는 화자가 청중에게 말하는 일방적 행위이고 토론은 두 사람 이상이 함께 말하는 쌍방적인 행위다. 그러나 발표와 토론은 실질적으로 다르지 않다. 발표의 전달 원리가 토론에도 적용되고 토론의 설득 원리를 염두에 두고 발표를 하는 것이 좋다. 토론할 때 각 토론자의 발언은 청중을 상대로 자신의 견해를 발표하는 것이고 입론의 경우는 연설의 특징을 갖고 있다. 토론이 서로 다른 입장을 지닌 화자들이 논증을 통해 주장을 제시하고 설득한다는 점에서 발표에서 체계적으로 설명하는 능력을 필요로 한다. 발표와 토론 모두 화자, 청자를 필요로 하고 의사소통상황과 목적 및 내용, 효과적인 소통 방법 등에 대해 궁극적으로 준비하며 상대에게 정보를 전달하고 설득하는 목적으로 이루어지기 때문이다.

PART

# 2

# 발표의 원리와 실제

# 01

# 발표의 원리

## Guide

발표는 '자기소개', '프레젠테이션', '연설' 등 다양한 형식을 통해서 나타난다. 이 장에서는 〈비판적 사고력과 의사소통〉이라는 큰 얼개에 맞게 발표는 어떤 내용으로 구성되어야 하고, 이런 내용은 어떤 표현형식을 통해 나타나야 하는지 기본원리를 살펴보고자 한다. 단순히 어떤 메시지를 일방적으로 전달하는 것이 아닌 청중과 함께 만들어 나가는 발표를 위해 필요한 원리를 단계적으로 고찰하고, 나아가 사안에 대한 타인의 관점들을 비판하고 자신의 창의적인 대안적 주장을 펼치는 발표가 실현되기 위해 필요한 준비과정을 살펴보고자 한다.

발표는 한 사람의 화자가 다수의 청중을 대상으로 말하는 방식을 일컫는다. 대중들 앞에서 특정 주제에 대해 설명하거나 자신의 주장을 전달하는 말하기를 말한다. 형식적으로 발표는 일방적으로 화자가 메시지를 전달하는 방식이기에 청중은 발표에 직접적인 영향을 행사하지 못하는 것처럼 보인다. 그러나 화자가 발표를 준비할 때부터 청중을 고려하지 못하면 실패하기에 실질적으로는 일방적 말하기가 아니다. 발표는 청중중심적이다. 청중의 수준과 관심에 맞추어 주제를 결정하고 화제를 선정하고 필요한 자료조사를 하면서 최종적으로 발표할 내용을 결정하기 때문이다. 또한 발표 현장에서도 청중의 반응을 살피며 준비한 내용을 조절한다는 점에서 쌍방향 의사소통two way communication의 측면을 지닌다.

발표는 준비 정도에 달려 있다. 발표를 잘 하는 사람들을 보면 원래부터 말 재주를 갖고 태어났다고 생각하기 쉽다. 또한 말주변이 없으면 남 앞에서 발표를 잘 하는 건 불가능하다고 생각한다. 그러나 발표능력은 노력의 결과다. 발표의 기본 원리와 특성을 이해하고 부단히 훈련했기 때문이다. 청중의 마음을 사로잡는 좋은 발표를 위해 치밀하게 준비하고 연습한다면 발표 능력은 키워질 수 있다. 청중의 요구를 잘 분석하여 효과적으로 발표할 수 있도록 각 단계별로 필요한 준비를 제대로 한다면 누구나 발표의 달인이 될 수 있다.

## 1) 발표 유형

발표의 첫 단계는 무슨 목적으로 발표하는 상황인가를 파악하는 일이다. 학교에서 이루어지는 발표 유형은 크게 정보전달형, 설득형으로 구분된다. 이는 편의상 나눈 것일 뿐 중첩되는 특징을 갖고 있다. 정보전달형 발표는 강의, 설명회, 브리핑, 프레젠테이션의 형태로 나타난다. 청중에게 지식과 정보를 주고 어떠한 사실에 대한 이해를 돕기 위한 목적으로 이루어지는 말하기다. 이 유형은 청중의 필요를 파악하여 주제와 관련된 핵심 정보와 자료를 수집하여 체계적으로 정리하여 알아듣기 쉽게 설명하는데 발표의 목적이 있다. 주제와 관련한 전문적인 지식과 고급 정보를 청중이 이해할 수 있도록 잘 구성하여 전달하는 것이 중요하다. 그런 점에서 단순히 정보를 나열해서는 곤란하며 정보 가치가 높은 내용을 바탕으로 명쾌하게 발표가 이루어지도록 해야 한다.

한편 설득형 발표는 발표자가 의도하는 방향으로 청중을 납득시키려는 목적으로 이루어진다. 자신의 신념, 가치관을 주장하는 말하기로 청중에게 영향을 미쳐 변화를 이끌어내는 데 목적을 두고 이루어진다. 선거유세, 캠페인, 연설 등에서 주로 보여지는 설득형 말하기다. 이 유형은 발표자가 자신이 말하는 내용에 대해 확신과 열정을 갖고 있음을 보여주는 것이 가장 중요하다. 청중의 이성적, 감성적인 측면에 호소함으로써 청중이 자신의 신념이나 태도를 바꿀 수 있도록 영향을 미치는 것에 목적이 있기 때문이다. 이런 점에서 설득형 발표는 청중의 숨은 욕구와 이해관계를 파악하여 그들의 마음을 어떻게 움직일 수 있을지, 논리적 측면과 감정적 측면을 소구하기 위한 메시지 구성과 전달력이 중요하다.

〈발표 유형별 고려사항〉

| 발표 유형 | 발표시 고려사항 |
|---|---|
| 정보전달형 | • 정보를 산만하게 나열하지 않고 체계적으로 정리한다<br>• 너무 많은 정보를 쏟아놓지 않도록 한다<br>• 청중의 니즈needs를 충족할 수 있는 정보를 제공한다<br>• 시청각적인 자료를 활용하여 알기 쉽게 설명한다<br>• 중요한 핵심정보를 강조하여 이해시킨다 |
| 설득형 | • 사실과 근거에 바탕을 두어 설득력 있는 논리를 구성한다<br>• 주장을 뒷받침하기 위해 새로운 해석과 가치를 부여한다<br>• 청중의 이익을 고려하여 문제를 제기하고 해결책을 제시한다<br>• 청중의 감정을 자극하기 위해 정서에 호소한다<br>• 발표자의 인격적 신뢰성에 바탕을 두어 전달한다 |

## 2) 청중 분석

좋은 발표는 청중이 만족한 것이다. 청중은 발표를 들으면서 그 주제가 나와 무슨 상관이 있는지, 어떤 이익이 있는지 관심을 갖는다. 따라서 이상적인 발표는 일방적인 말하기가 아니라 청중과의 쌍방향 커뮤니케이션인 것이다. 이에 무엇보다 청중의 관심에 맞추어 발표를 준비하고 실행해야 한다. 청중이 무엇을 기대하는지, 무엇을 원하는지 청중을 체계적으로 분석하고 주파수를 맞춰야 한다. 청중에 대한 사전 지식을 바탕으로 내용을 구성하고 어떻게 전달하는 게 효과적인지 반드시 고려해야 한다. 주제가 같아도 청중이 달라지면 화제를 바꾸거나 전달 방식도 달라져야 한다. 따라서 효과적인 발표를 위해 사전에 청중의 성향과 니즈를 분석해야 한다.

청중과 관련한 정보를 수집하는 방법은 주최 측에 청중의 특성에 대해 물어보는 것이 정확하다. 수업에서 발표하는 경우라면 교수와 동료들을 관찰하고 간단한 설문조사를 통해 대강의 청중 성향을 파악해 볼 수 있다. 청중을 분석하는 방법으로 통계적, 상황적 분석이 대체로 활용된다.

### (1) 통계적 청중 분석

통계적 청중분석은 사람들의 보편적이고 평균적인 성향에 기대는 방법이다. 발표상황과 관계없이 양적, 객관적으로 살펴볼 수 있는 인구통계적 지표에 따라 청중을 구분지어 일반적인 특징에 맞추어 발표를 준비하는 것이다. 즉 청중의 연령, 학력, 성별, 사회경제적 지위, 정치적 성향, 지역, 종교 등을 고려하는 것이다. 이를 활용할 경우 발표의 초점을 맞추기가 상대적으로 용이하다. 글로벌 시대이기에 다른 문화권 사람들 앞에서 발표를 해야 되는 경우 국적, 인종, 종교와 같은 통계적 청중 분석이 도움이 된다. 다문화적인 배경을 가진 청중을 대상으로 발표할 경우 각 문화권에서 금기로 여기고 있는 점들에 유의할 수 있기 때문이다.

예를 들어 살펴보면 다음과 같다. 연령을 기준으로 청중분석을 할 경우 중장년층 청중이 많다면 일상 생활속에서 접하는 현실적인 화제를 제시하는 것이 좋다. 말하기 속도도 천천히 하고, 정중한 표현을 사용하여 핵심 위주로 내용을 전달하는 것이 효과적이다. 청소년층을 대상으로 발표를 하다면 동일한 주제라도 소재는 달라질 수 있다. 미래지향적인 이상과 꿈을 화제로 삼아 내용을 풀어가거나 최근 유행하거나 대중적인 소재를 통해 흥미를 갖도록 유도하는 것이다. 젊은 세대들의 경우 많은 내용을 한꺼번에 빨리 전달해도 무방하고 동영상 자료를 적절히 활용하는 것이 효과적이다.

또한 관련 주제에 대한 청중의 이해와 지식 정도를 중심으로 발표 내용은 달라져야 한다. 어느 수준으로 발표를 진행할 것인지를 결정할 때 청중 수준을 반드시 고려해야 한다. 주제에 대해 잘 알고 있는 전문가 집단일 경우에는 새로운 전문지식과 업데이트된 정보를 접목해야 한다. 전문가로서의 청중의 자부심을 세워주면서 구체적인 각론으로 깊게 들어가 충실한 자료를 바탕으로 진행해야 한다. 의료계나 법조계에서 발표할 경우 전문용어를 사용하여 내용을 전달하는게 효과적이다. 반면 주제에 대해 잘 모르는 일반 청중일 경우 총론으로 접근하여 기초부터 차근차근 이해를 구하며 설명하는 것이 낫다. 청중들이 일상에서 자주 경험하는 영역과 관련지어 알아듣기 쉽도록 다양한 사례들을 들어 설명해야 내용 전달이 용이하다. 이처럼 통계적 청중분석은 일반적인 특징을 유념하여 발표의 화제나 전달 방법을 선택할 때 도움이 된다.

**Exercise** | 다음의 통계적 청중분석 표에서 다양한 청중 유형에 따라 특히 유의해야 할 점이 무엇인지 찾아 빈칸을 채워보자.

| 변수 | 청중 분석을 위한 체크리스트 | 유의점 |
|---|---|---|
| 연령 | 청중의 연령층은 어떠한가? 세대별로 어떤 특징이 있나? | |
| 성별 | 남성과 여성의 비율은 어떠한가? 남녀의 전형적 특징이 있나? | |
| 교육 | 청중의 평균 교육수준은 어느 정도인가? | |
| 직업 | 청중의 직업군은 어떠한가? 직업적인 고유의 특성이 있나? | |
| 지식 | 발표 내용에 관련 지식이 있는 전문가 집단인가? | |
| 수입 | 청중들의 수입정도나 사회경제적 수준은 어떠한가? | |
| 지역 | 동일한 지역의 사람들인가? | |
| 성향 | 유사한 정치적 성향의 사람들이 모여 있는가? | |
| 문화 | 인종, 국적 등에 따른 독특한 문화적 특성은 무엇인가? | |

### (2) 상황적 청중 분석

발표를 하는 특수한 상황에 놓여 있는 청중을 분석하는 것도 효과적으로 발표하는 비결이다. 발표 환경과 발표 시간은 어떠한지, 청중 규모는 어떠한지, 발표자에 대한 인지도와 인식은 어떠한지 구체적인 상황에서 모인 청중들을 분석할 필요가 있다. 발표를 듣는 상황에 따라 청중은 영향을 받는다. 상황 특성에 따른 청중 분석은 먼저 통계학적 청중 분석이 이루어진 다음 이를 바탕으로 진행될 필요가 있다.

상황 특성에 따른 청중 분석은 발표 장소의 상황과 그곳에 모인 청중의 특징과 반응을 포함한다. 예를 들어 대규모 공간에서 많은 청중을 대상으로 하는 발표라면시청각 매체를 활용하는 것이 효과적이다. 대부분의 청중들이 일반적으로 알고 있는 소재나 흥미를 줄 수 있는 화제를 활용하며 시작하는 것이 좋다. 참석 인원이 적다면 시청각 자료를 활용하지 않아도 무방하다. 또한 발표를 하는 중간 중간에 질의응답의 방법을 활용하거나 청중들끼리 가벼운 토의를 유도할 수 있다.

상황적 청중분석에는 청중심리에 영향을 미치는 장소와 좌석배치, 발표시간대와 순서, 조명 상태, 소음 정도 등이 고려된다. 주위 환경이 산만할 경우 발표 효과가 감소하기에 상황을 체크하고 적절한 대처방법도 고려해 두어야 한다. 물론 아무리 충분하게 대비한다고 하더라도 돌발상황이 일어날 수 있으므로 여유 있는 태도로 발표하는 융통성이 필요하다.

또한 발표 환경만이 아니라 발표자에 대한 청중의 호감 여부도 그 상황에서 고려해야 한다. 청중은 발표자의 첫인상이나 명성과 평판에 따라 분위기가 좌우되는 경향이 있다. 그런 상황을 고려하여 청중의 반응에 따라 유연하게 다가가야 한다. 발표자 자체에 대해 청중들의 관심이 높을수록 발표자의 메시지에 긍정적으로 반응한다. 발표자에 대해 잘 모를 경우 무엇보다 발표 주제에 전문성이 있고 적합한 인물이라는 이미지를 심어줄 필요가 있다. 다양한 청중의 관심과 흥미를 미리 파악하여 청중과의 동질감을 형성하고 청중들이 발표내용을 관심 있게 듣도록 구체적인 상황 분석을 통해 접근하는 자세가 필요하다.

**〈상황적 청중분석〉**

| 상황 조건 | 체크 사항 | 결정 사항 |
|---|---|---|
| 청중 규모 | 참석인원이 어느 정도 규모인지 체크 | 목소리의 크기, 마이크 사용, 시청각매체나 유인물 활용 여부, 소통방식 등을 결정한다 |
| 장소 상황 | 실내, 실외, 장소 위치, 좌석 배열, 조명상태, 소음정도 체크 | 해당 장소에서 유연하게 조정이 가능한 부분은 건의하여 쾌적한 환경에서 진행한다 |
| 시설, 설비 | 기자재, 컴퓨터나 스피커 작동 여부 체크 | 실제 발표를 할 때 기자재를 매끄럽게 사용할 수 있도록 관련 설비 상태를 확인 점검한다 |
| 발표 순서 | 자신의 발표하는 순서와 전후 발표자들의 내용 체크 | 첫 번째 발표일 경우 발표장의 분위기를 조성해야 한다. 중간에 발표하는 경우 앞 사람과 차별화된 내용과 인상적인 전달 방법을 고민한다. 마지막 발표자인 경우 산만해진 청중을 집중시키고 약속된 시간내에 발표를 마무리 한다 |
| 청중의 태도 | 발표자에 대한 청중의 반응과 인식 체크 | 발표자에 대한 호감, 비호감 여부를 파악하고 발표자를 신뢰할 수 있도록 적절하게 대응한다 |

**Exercise** | 수업이나 동아리에서 발표하게 되는 구체적인 상황을 떠올려보고 미리 점검하고 고려해야 될 사항을 체크리스트로 작성해보자.

## 3) 내용 구성

### (1) 주제 선정

발표를 준비할 때 발표 목적에 맞는 주제를 설정하는 일이 가장 중요하다. 발표자는 자신의 발표를 듣는 청중이 무엇을 기대하는 지 파악하여 발표에서 전달하려는 주제를 명확히 수립해야 한다. 청중에게 무엇을 전달할 것인가 발표 주제를 잘 잡아야 발표의 전체 과정이 순조롭게 진행된다. 발표의 목적을 명확히 세워야 발표 유형을 결정하고 이에 따라 주제를 선정하는 일이 수월하다.

정보전달형 발표라면 청중이 어떤 정보나 사실에 대해 이해할 것을 기대하고 충분히 가치가 있는 정보를 제공해야 한다. 정보전달형 발표의 목적이 청중에게 지식을 주고 이해를 돕기 위한 것이기 때문이다. 과거에 들어보지 못했던 새로운 정보를 제공할수록 발표의 의미가 더해진다. 누구나 익히 알고 있는 정보이거나 식상한 정보일 경우 청중의 관심을 끌기 어렵다. 그러므로 정보 가치가 높은 내용을 바탕으로 체계적으로 발표해야 한다. 정보전달 발표의 경우 문서자료documents와 시청각자료visual aids를 활용하여 발표 주제를 보다 효과적으로 전달하는 것이 필요하다. 주제와 관련한 객관적인 정보에 바탕을 두어 전달하려는 내용을 충분히 담고 있는지가 중요하다.

설득형 발표라면 청중이 발표자의 신념이나 가치관에 영향을 받아 변화될 것을 기대하며 주제를 설정해야 한다. 설득형 발표는, 발표자의 주장과 생각을 강조하는 인상깊은 메시지와 열정적인 태도가 중요하다. 단순히 주제와 관련한 정보를 제공하는 것이 아니라, 청중의 생각과 태도를 자신이 원하는 방향대로 변화시킬 수 있는 주제 설정이 중요하다. 발표자의 생각에 동의하며 설득하도록 하기 위해서는 체계적인 내용 못지않게 청중의 마음을 움직일 수 있는 주제 설정이 중요하다.

**Exercise** | 자신이 본 가장 인상 깊었던 발표를 떠올려 보고 그 사례에서 감명을 받았던 이유가 무엇이었는지 조별로 이야기해 보자.

**Exercise** | 경일대학교를 외부 사람들에게 소개하는 발표를 정보전달형 프레젠테이션과 설득형 연설로 준비한다면, 각각 어떤 점을 특히 유의해야 하는지 발표 유형의 특징을 고려하여 논의해 보고, 경일대학교의 무엇을 소개할 지 조별로 주제를 논의해보자.

<table>
<tr><td rowspan="2">발표의 목적</td><td colspan="2">발표자의 목표</td><td>청중의 이익</td></tr>
<tr><td colspan="2"></td><td></td></tr>
<tr><td rowspan="2">발표의 유형</td><td>정보전달형</td><td colspan="2"></td></tr>
<tr><td>설득형</td><td colspan="2"></td></tr>
<tr><td>발표의 주제</td><td colspan="3"></td></tr>
</table>

### (2) 화제 찾기

발표 내용을 구성하기 위해 필요한 것이 적절한 화제를 선정하는 일이다. 화제는 '무엇'에 대해 발표할 때 그 '무엇'에 해당하는 발표의 소재를 의미한다. 발표를 통해 전달하려는 주제를 살려주는 밀접한 관련성이 있는 화제를 찾아야 한다. 발표 내용이 새로움을 주려면 주제를 구체적으로 담아낼 화제 선정이 중요하다. 최근 이슈나 사회적으로 관심이 되는 사안을 선정하고, 자신만의 관심사가 아니라 발표자와 청중 모두의 관심사를 고려하여 선정해야 한다.

화제는 주제를 어떻게 풀어가는 게 좋을지 생각하며 주변을 유심히 관찰하다 보면 어렵지 않게 찾을 수 있다. 전달하려는 주제가 명확하게 잡히면 화제는 강의실 안팎에서 찾아질 수 있다. 책을 읽고 영화를 보면서, 인터넷 뉴스검색을 통해서, 일상의 대화와 경험에서도 쉽게 찾을 수 있다. 객관적인 소재만 화제가 되는 것은 아니다. 평소 생각이나 신념, 자신만의 철학도 주제를 풀어가는 화제가 될 수 있다.

화제를 선정할 때는 먼저 자신이 잘 알고 있는 소재를 선택하는 것에서 시작한다. 자신이 직접 경험했거나 익숙하고 친숙한 내용을 소재로 삼는 것이 생각을 풀아갈 때 수월하다. 너무 흔하지 않은 경험을 구체적으로 떠올려보고 자신만이 알고 있는 특별한 지식이나 전문적인 내용이 있는지 찾아본다. 혹은 잘 알지 못해도 자신이 관심있고 더 알고 싶은 부분이 있으면 이를 선택해 내용을 심화, 확장해 가는 방식으로 화제를 결정할 수 있다. 발표 기회를 통해 깊게 탐구해 보고 싶은 것을 화제로 삼는 것이다.

발표를 위한 화제 선정시 무엇보다 중요한 것은 발표의 목적과 청중과 상황을 고려해야 한다는 점이다. 발표자의 관심과 소화 능력도 감안해야 한다. 자신이 흥미를 갖고 있는 화제라고 하더라도 청중과 발표 상황에 적절하지 않거나 자신의 능력과 수준에 맞지 않는 경우 화제로 선택하여 다루는 것은 피하는 것이 좋다.

**Exercise** | 발표를 위한 화제를 선정할 때 시의성, 공공성, 탐구성의 측면이 왜 중요한지 얘기해 보자. 그 밖에도 어떤 점을 고려해야 좋을지 조별로 이야기해보자.

### (3) 개요 짜기

개요는 설계도다. 발표할 내용을 구상하면서 체계화하는 작업이다. 개요를 짜는 일은 어디서 자료를 찾아야 하고 논리적으로 내용을 구성하기 위해 필요한 과정이다. 선정된 화제들을 발표 목적과 주제에 따라 배치하며 얼개를 짜보는 것이다. 발표 상황과 청중을 고려하여 화제들을 어떻게 풀어가는 게 효과적일지 개요를 통해 정리해 보는 것이다. 발표를 통해 무엇을 전하고자 하는지 시작부터 마무리까지 전체 내용을 구성하면서 청중에게 전달할 메시지를 명확하게 정리하는 일이다. 그런 이유로 발표 개요를 짤 때는 주제문을 분명히 하는 것부터 시작해야 한다.

개요는 발표의 흐름을 구조화하는 일이다. 도입부–본문–종결부의 유기적 구성에 따라 효과적으로 내용이 전달되도록 주제에 따른 요점을 순서대로 배열한다. 발표의 서두 부분은 무엇을 말하고자 하는지 중심 생각을 제시하며 청중과 접점을 마련하는 것이 중요하다. 청중이 발표의 목적과 주제에 대해 예견하고 내용에 집중할 수 있도록 길잡이 역할을 해야 한다. 본문은 발표자가 전달하려는 중심적인 생각을 담는 부분이다. 주제문을 앞에 배치하는 두괄식 혹은 앞뒤에서 강조하는 양괄식 구조로 구성하는 것이 효과적이다. 각 장에 따라 주제문을 한 문장으로 압축하고 관련한 논거, 사례를 항목화하여 정리할 필요가 있다. 주장이 청중에게 설득력을 갖기 위해서는 이를 뒷받침하는 내용들이 효과적으르 제시되어야 한다. 종결부는 발표 내용을 전체적으로 마무리하며 청중에게 좋은 발표였다는 여운을 주는 역할을 해야 한다.

이런 점을 고려할 때 개요짜기는 단지 수집한 자료를 나열하는 것이 아니라 주제를 일관성 있게 풀어가며 전체 내용을 설계하는 일이다. 이를 위해 MECE Mutually Exclusive, Collectively Exhaustive 원칙을 적용하는 것이 필요하다. 즉 생각해야 할 전체를 누락 없이 모두 다 생각해 보고, 부분 집합이

되는 것을 중복되지 않은 채 상호 배타적으로 내용이 구성되도록 하는 것이다. 논리적으로 생각과 자료가 배열되지 않는다면 성공한 발표가 될 수 없기에 개요를 잘 짜야 한다.

〈발표 개요 짜기〉

| 비율 | 구조 | 내 용 | 적용 방법 |
|---|---|---|---|
| 1 | 도입부 | 도입부 화제 선정<br>주제 제시, 중요성 부각<br>본론내용 간략 소개, | 인사 및 자기소개,<br>인용, 유머, 일화, 사건 소개,<br>질문던지기, 청중과의 관계 설정 |
| 3 | 본문 | 핵심 메시지, 세부요점,<br>논거 및 사례 | 시간적, 공간적, 인과적, 문제해결식,<br>화제나열식, 변증법적 방법 등 |
| 1 | 종결부 | 내용요약<br>인상 깊은 마무리 | 종합정리, 기대효과, 행동요청,<br>해결책 제시, 감사 인사 |

## (4) 자료 찾기

발표를 위해 자료를 찾는 일은 논리적인 글쓰기를 위해 자료 조사를 하는 것과 유사하다. 주제와 관련해 참고할 자료가 많으면 많을수록 내용을 알차게 구성할 여지가 높다. 그러나 무조건 자료가 많다고 해서 반드시 활용가치가 높은 것은 아니다. 주제를 뒷받침해 주는 적절한 자료를 확보하는가에 발표내용의 질이 달려 있다. 청중이 반드시 알 필요가 있는Need to know 핵심 정보와 알아두면 좋은Nice to know 보조정보를 구분하여 자료를 찾고 정리한다.

주제에 대한 전문지식이 있고 개인적인 경험이 풍부하다면 이를 발표자료로 활용할 수 있다. 그러나 대부분은 외부에서 필요한 정보를 수집하여 내용을 구성하게 된다. 자료를 조사할 때는 청중들이 모르는 내용을 전해주는 것이 중요하기에 청중의 수준과 발표자의 소화 능력을 고려해야 한다. 먼저 인터넷에 핵심 용어를 검색하여 자료로써 가치가 있는 내용을 선별하고 오프라인으로 넘어가는 것이 자료조사 시간을 절약할 수 있다. 온라인의 경우 불필요한 정보가 검색될 개연성이 높기에 객관성과 타당성이 있는 자료를 취사선택하는 검토작업이 필요하다. 신뢰할 수 있는 자료는 도서관에 있다. 주제에 따라서는 정부기관, 연구소, 시민단체 등에서 보다 전문적인 정보를 구할 수 있다.

인터넷에는 너무나 많은 정보가 올라와 있으므로 핵심 자료를 선별하는 비판적 시각이 중요하다. 인터넷 조사시 구글 스콜라Google Scholar와 학술연구정보서비스(www.riss.kr), 국회도서관(www.nanet.go.kr)을 활용하는 것이 공신력 있는 자료를 얻을 수 있다. 신문기사는 한국언론진흥재단의 카인즈(www.kinds.or.kr)를 활용하는 것이 효과적이다.

통계자료는 발표의 공신력을 높여주는데 유용한 텍스트다. 통계는 전체적인 경향과 흐름을 파악하는데 이해를 도와주는 사실자료로서 가치가 있다. 전문적인 설문조사기관이 실시한 조사 결과를 활용할 수도 있다. 이때 조사가 언제 어떠한 방식으로 진행되었는지, 제3자의 입장에서 객관적으로 진행된 결과인지 점검이 필요하다. 또한 주제와 관련된 대표성이 있는 사례를 분석하고 제시하는 것도 좋은 방법이다. 그 밖에도 주제와 관련한 전문가 인터뷰를 활용할 수 있다. 인터뷰 목적에 따라 질문할 것들을 정리하고 답변 내용도 왜곡 없이 정확하게 기록해 두어야 한다. 이처럼 발표를 위한 자료를 수집할 때는 신뢰할만한 것인지 다각도로 검토한 후 주제를 풀어가는 핵심자료들을 선별해야 한다.

### (5) 내용 작성하기

#### ① 도입부 쓰기

발표의 첫인상은 중요하다. 발표의 도입부는 청중에게 인사를 하며 시작된다. 청중들의 관심을 집중시키고 발표하려는 주제를 소개하는 역할을 해야 된다. 발표내용을 개략적으로 밝히고 청중의 주의를 끄는 화제를 제시한다. 발표 목적이 어디에 있는지 주제를 명확하게 밝히는 일이다. 그렇지 않으면 청중은 발표가 어디로 흘러갈지 모르기 때문이다. 도입부에서 발표 내용을 개략적으로 목차를 통해 소개하는 것은 본론으로 청중을 자연스럽게 이끌어 준다. 화제와 관련한 유머 또는 흥미로운 일화, 호기심을 유발할 만한 질문을 통해 도입부를 시작한다.

발표자와 청중사이의 거리를 좁히는 일도 도입부에서 중요한 일이다. 발표자의 관심, 경험, 신념, 출신 지역 및 학교 등 청중과의 공동 경험을 찾아 심리적인 공통 분모를 마련한다. 본론에서 나올 내용은 문제를 제기하는 방법으로 배경을 설명하는 게 효과적이다. 발표를 시작하는 머리말에서 다음과 같은 방법을 활용하면 좋다.

**가. 질문 던지기** – 청중에게 발표 주제와 관련된 질문을 던지며 시작하는 것이다. 질문을 받으면 그 문제에 대해 생각을 해보게 된다는 점에서 청중을 발표에 끌어들이는 효과가 있다.

**나. 명언 인용** – 발표 주제와 관련해 유명한 말이나 인상 깊은 표현을 인용하며 시작하는 것이다. 유명한 인물이 했던 말을 활용하면 발표에 대한 관심을 높일 수 있다.

**다. 일화, 사례** – 개인적인 경험이나 사례, 에피소드를 들려주며 발표를 시작하는 것이다. 스토리텔링 방식은 청중의 호기심을 자극해 앞으로의 발표에 흥미를 유도할 수 있다.

**라. 시사 뉴스** – 모두가 알고 있는 최근 뉴스를 언급하면서 시작하는 것이다. 주제와 연관된 뉴스를 통해 동시대를 살면서 경험하는 동질감을 확보할 수 있다.

**마. 유머** – 가벼운 유머로 발표를 시작하면 청중과 친밀감을 형성할 수 있다. 무엇보다도 발표 분위기를 유쾌하게 만들어 줌으로써 긴장감을 해소해 줄 수 있다.

Tips

**도입부의 역할**

- 반갑게 청중에게 인사를 전한다.
- 청중의 관심과 주의를 환기시킨다.
- 발표 주제를 제시하고 중요성을 인식시킨다.
- 전체 흐름을 잡도록 어떤 순서를 전개할지 목차를 제시한다.
- 본론 내용과 자연스럽게 연결시킨다.

### ② 본론 내용 쓰기

본론은 전하고 싶은 내용을 순서에 따라 논리적으로 설명하는 부분이다. 제기한 문제에 대해 설득력 있게 논증하거나 구체적인 자료를 통해 설명하는 장이다. 발표하는 주제에 따라 적합한 방식으로 본론 내용을 구성해야 한다. 본론은 아래와 같은 방법들을 적용하여 주제를 효과적으로 풀어간다.

| 유 형 | 본문 구성 방법 |
|---|---|
| 시계열적 구조 | 과거–현재–미래 시간의 흐름에 따라 시대, 시기, 년대 순으로 배열 |
| 공간적 구조 | 지리, 장소, 배치 등을 설명해야 할 때 공간 순서에 따라 위에서 아래, 안에서 밖, 왼쪽에서 오른쪽, 동쪽에서 서쪽 등으로 내용 배열 |
| 인과적 구조 | 원인과 결과에 따라 현상에 대한 논리적인 인과관계를 따라 정리 |
| 변증법적 구조 | 두 가지 상반되는 입장을 제시한 후 결론 도출하는 정–반–합 구성 |

| 문제해결 구조 | 문제의 심각성을 지적하고 해결책을 제시하는 방식으로 구성 |
|---|---|
| 화제에 따른 구조 | 주제와 관련한 주요 화제와 세부화제를 구분하고 중요 요점과 하위 요점을 체계적으로 구성 |
| 연역법적 구조 | 일반적인 원리로부터 특수사례들에 적용하는 대전제 → 소전제 → 결론 방식으로 구성 |
| 귀납법적 구조 | 다양한 사실들로부터 보편적인 원리를 도출하는 방법으로, 구체적인 사례들로부터 결론을 도출하는 방식으로 제시 |
| 점층법적 구조 | 간단한 것에서 복잡한 것, 쉬운 것에서 어려운 것, 아는 것에서 모르는 것 등으로 내용의 이해를 도와주는 방향으로 구성 |

본론은 전체적으로 일관성이 있게 구성하되 3부 구성의 원리를 적용하여 범주를 설정하면 효과적이다. 주제에 따라 어떻게 내용을 풀어가는 데 청중의 이해에 도움이 될지 판단하고 적절한 전개방식을 선택한다. 예컨대 역사적인 사건이라면 시간의 흐름에 따라 과거–현재–미래, 시대나 시기별로 내용을 배열하는 게 효과적일 수 있다. 캠퍼스 공간을 소개하는 것이라면 위에서 아래, 왼쪽에서 오른쪽, 앞에서 뒤, 안에서 밖으로 소개할 내용을 배열하는 게 일반적인 순서다. 사건의 인과적 관계에 따라 본론을 구성할 경우 해당 사안의 원인과 결과에 따라 내용을 배열한다. 문제해결 구조는 먼저 문제의 심각성을 지적하고 다음으로 구체적인 해결책과 그것에 따른 비용과 효과를 제시하는 식으로 구성하는 것이 효과적일 것이다. 주제에 따라서는 변증법, 연역법, 귀납법, 점층법 등의 방법을 활용하여 본문을 풀어간다.

**Exercise** | 본론을 구성할 때 주제에 따라 활용할 수 있는 여러 방법들 중에서 자신이 정한 발표 주제의 경우 어떤 구성이 적합한지 논의하고 구체적으로 본론을 작성해 보자.

### ③ 종결부 쓰기

종결부는 발표를 마무리하는 부분이다. 갑작스럽게 발표를 마치는 것은 청중을 혼란스럽게 하기에 발표가 끝난다는 것을 청중이 인식하도록 정리해야 한다. 종결부는 발표의 중요한 요점을 간단히 요약하고 핵심 메시지를 청중이 음미하도록 정리하는 것이 중요하다. 해결책을 제시하거나 낙관적인 미래 전망을 보여주는 호소를 통해 청중에게 행동을 요청할 수 있다. 발표를 마무리하며 사용할 수 있는 방법은 다음과 같다.

도입부와 연결하여 발표를 시작하며 사용했던 방식으로 핵심 키워드를 다시 강조하거나 던진 질문에 답을 제시하며 마무리 한다. 또한 발표 주제를 환기시키는 인용문을 활용하여 청중이 오래 발표 내용을 기억하도록 유명한 인물이 했던 말로 자신의 메시지를 대신하는 것이다. 또한 속담,

격언, 혹은 비유적 표현을 사용해 마무리해도 좋다. 청중의 감정과 정서를 자극하며 주제를 함축적으로 전달할 수 있다. 그 밖에도 발표를 마무리 하며 질문을 던질 수 있다. 이는 청중들에게 지금까지 들은 발표를 다시 생각해 보도록 하기 위함이다.

**Exercise** | 발표를 어떻게 마무리 짓는 게 효과적인지 조별로 논의하고 자신의 발표의 결론 부분을 어떻게 정리할지 글로 작성해 보자.

## 4) 발표 실행

발표의 성패는 발표자의 전달 능력에 달려있다. 아무리 발표내용을 잘 준비했어도 제대로 발표하지 못했다면 성공한 발표가 되기 어렵다. 발표자는 발표할 때 사용하는 언어적 표현, 비언어적 측면에 유의해야 한다. 발표자가 사용하는 풍부한 어휘와 수사적 표현, 자신감 있는 목소리와 당당한 태도는 발표의 질을 높여준다. 따라서 생동감 있는 언어와 비언어적 표현능력은 발표의 성패를 좌우한다. 또한 시청각자료의 적절한 활용은 발표 내용을 보다 효과적으로 전달하는 방편이 될 수 있다. 청중의 주목을 끌기 위해 효과적인 매체를 이용할 경우 발표 내용에 대한 청중의 이해와 기억을 높일 수 있다.

발표 방법은 크게 네 가지로 구분된다. 첫째 원고를 보고 읽는 방법이다. 대통령의 국정 연설과 같이 문구 하나 하나가 중대한 의미를 갖는 경우 준비된 원고를 따라 그대로 읽는 방법을 사용하여 발표한다. 그러나 원고를 보고 읽는 식의 발표는 청중에게 자칫 지루함을 줄 수 있다. 둘째 원고를 외워서 발표하는 방법이 있다. 청중과의 시선 교환이 자유롭지만 원고 내용을 기억해내기 위한 심리적인 부담이 만만치 않다. 셋째 원고 내용을 요약하여 상황에 맞추어 전달하는 방법이 있다. 큐카드를 준비해 주제와 세부 요점, 사례 등 주요 내용을 정리해 적절하게 참고하며 발표를 진행하는 방법이다. 발표자의 생각을 유연하게 조화시킬 수 있고 청중과 교감할 수 있는 발표가 될 수 있다. 마지막으로 즉흥적으로 하는 발표의 방법이 있다. 비공식적인 토의나 회의, 보고회 등에서 자신의 의견을 자유롭게 발표하는 경우다. 즉흥적인 발표의 경우 논리적 일관성을 갖기 위해서 숙련된 발표 능력이 요구된다.

발표를 잘하기 위해서는 언어적 표현과 목소리, 비언어적 측면이 조화를 이뤄야 한다. 밋밋한 표현, 단조로운 어조, 원고에 고정된 시선, 긴장된 태도는 발표의 전달력을 떨어뜨린다. 발표 내용을 효과적으로 전달하기 위해서는 무대 위에서 멋진 연기를 펼치듯 발표자가 효과적인 방법을 강구하고 철저히 준비해야 한다. 발표연습을 충분히 하여 자신감 있게 발표하는 자세가 무엇보다 중요하다.

## “스피‘킹King’이 되는 비결”

좋은 발표를 하는 발표자는 아무도 따라하지 못할 비결을 갖고 있을까? 그 대답은 ‘아니다’이다. 그들은 발표자들이 기본적으로 고려해야 하는 점들을 더 철저하게 준비했을 뿐이다. 영어 단어 **‘speaking’**의 이니셜 세 가지를 이용하여 청중을 고려한 좋은 발표를 위한 조건을 알아보고 이를 통해 스피‘킹’이 되는 비결을 찾아보고자 한다.

첫 번째는 **‘K’**이다. **‘K’**는 **‘Knowledge’**, 지식이다. 청중의 지식과 이해 수준을 고려해 발표해야 한다. 이는 청중이 누구인가를 미리 파악해야 한다는 것이다. 발표 준비단계에서 청중의 연령, 남녀 비율, 학력, 생활 수준 등의 사항을 고려해야 한다. 그리고 그에 맞는 발표 주제와 내용을 선택하고 표현방식을 준비해야 한다. 청중을 고려한 적절한 지식을 선정하고 청중의 눈높이에서 전달해야 발표 내용에 대한 이해를 돕는다.

두 번째는 **‘I’**이다. **‘I’**는 **‘Interaction’**, 상호작용이다. 적절한 시선처리와 질문하는 형식으로 청중이 발표자와 소통하고 있다고 느끼도록 해야 한다. 허공을 쳐다보거나 원고에 시선을 고정시키는 것이 아니라 청중들을 골고루 바라봐야 한다. 오바마 전 미국대통령의 경우 연설을 할 때 청중과 소통하고 있다는 인상을 주기 위해 모든 사람을 한 명씩 바라보는 방식으로 전달했다고 한다. 스티브 잡스는 질문을 던지는 방식을 활용하였다. 청중들에게 질문을 던짐으로써 생동감 있게 상호작용하고 있다는 느낌을 주었다.

마지막으로 **‘N’**이다. **‘N’**은 **‘Naturally’**, 자연스럽게이다. 발표자의 자연스러운 자세와 편안한 모습은 청중들에게 발표 내용을 효과적으로 전달한다. 일방적으로 전하는 것이 아니라 청중과 대화하듯이 자연스럽게 발표하는 것이 좋다. 스티브 잡스의 경우 아이폰을 출시하는 프레젠테이션에서 무대를 자연스럽게 걸어 다니고 청중들에게 농담을 던지며 부드러운 분위기에서 효과적으로 정보를 전달하였다.

이처럼 청중을 고려하는 것이 많은 스피'킹'들의 비결이다. 발표를 잘하는 핵심은 'Knowledge', 'Interaction', 'Naturally', 이 세 단어에 유의하며 말하는 것이다. 청중의 지식과 상호작용을 고려한 발표를 자연스럽게 전달한다면, 모두가 스피'킹'이 될 수 있다.

**Exercise** | 위에서 제시한 학생 글은 발표를 잘 하는 '스피킹'이 되려면 무엇이 필요한지 영어단어를 통해 제시하고 있다. 이와 같이 재치 있는 표현을 통해 발표자가 유의해야 할 점 세 가지를 함축적으로 정리해 보자.

### (1) 언어적 측면

발표에서 언어적 표현은 중요하다. 생생한 입말이 중심이 되는 경우도 있고, 연설이나 강의처럼 글말의 도움을 필요로 하는 경우도 있다. 또한 발표 내용이 잘 전달되기 위해서는 내용이 체계적으로 조직되어야 한다. 서론, 본론, 결론으로 내용을 구성하고 각각의 단락을 연결사로 연결하여 조직화된 말하기가 이루어져야 한다. 내용의 중요도에 따라 순서를 정해 역피라미드 방식의 구조로 말하는 것이 좋다. 핵심메시지를 먼저 제시하고 관련 사실과 세부 내용을 순차적으로 전달하는 두괄식 구성이 그것이다. 청중은 집중력이 약하고 자신의 생각대로 듣기 쉽기에 먼저 중요한 사항을 말하는 것이 좋다.

발표는 참신한 화제를 제시하며 이야기를 시작하도록 한다. 추상적이고 모호한 개념어 보다는 구체적인 실례와 경험을 통해 내용을 전달한다. 다른 화제로 넘어가기 전에 지금까지 말한 내용을 정리하고 확인하는 요약의 과정도 필요하다. '지금부터, 이제는, 또 다른 부분은, 나아가, 더욱이' 등과 같은 연결사를 사용하여 내용을 이어가는 것이다. 또한 앞으로 자세하게 말할 것임을 알리면서 요점을 첫째, 둘째, 셋째와 같이 정리해 제시한다. 관련된 개념을 셋으로 묶는 '3의 원칙'Triad을 사용하는 것이 효과적이다.

말하는 상황과 청중을 고려하여 적절한 언어적 표현을 사용할 필요가 있다. 발표문은 말하기를 전제로 쓴 글이므로 입말의 형태로 자연스럽게 표현되어야 한다. 청중이 알아듣기 쉬운 표현으로 내용을 이어가고 사용하는 어휘가 풍부하고 생동감이 있어야 한다. 문어체 보다는 일상에서 사용하는 구어체로, 군더더기가 없는 명쾌한 표현으로 승부한다. 적합한 언어를 선택하는 일이 발표의 성공을 가름한다. 애매모호한 표현은 피하고 정확하고 적확한 표현을 사용할 필요가 있다.

무엇보다 발표는 공적말하기 상황이므로 어법에 맞아야 한다. 발표할 때 사용하는 언어는 사적인 자리에서 말하는 것과는 달라야 한다. 격식을 갖추어 공적 자리에서 사용하는 어휘를 쓰고 가급적 존대어를 사용한다. 청중을 호명할 때는 '여러분'이라고 하거나 '우리'와 같은 표현을 통해 공감대를 형성하는 것이 좋다. 발표자 자신에 대해서도 '저는', '제가'라는 단어로 겸손하게 지칭하고, 서술어도 '~같아요'라는 표현보다는 '~입니다'로 말하는 것이 적합하다. 정확하게 메시지를 전달하고 말 끝을 흐리지 않아야 한다. 무엇보다 장황한 설명이 되지 않도록 한다. 정확한 수치를 활용하거나 적절한 사례를 제시하고 비유나 은유를 활용해 청중에게 기억되는 언어적 표현을 사용하는 것이 좋다.

**Exercise** | 자신이 발표하는 분량이 최소한 5분 이상 되도록 하여 발표하는 과정을 스마트폰으로 녹화하고 자신이 표현한 단어나 어휘가 적절한지, 특정 간투사를 습관적으로 사용하고 있지 않은지 언어적 측면에서 고찰해 보자.

### (2) 준언어적 측면

준언어는 화자가 말을 할 때 언어에 동반되는 음성적 요소를 말한다. 목소리의 크기와 톤, 강조나 억양, 휴지, 말의 속도나 고저 등을 칭하는 것이다. 이러한 준언어는 언어의 의미를 보완하거나 내용을 바꿀 수 있다. 동일한 언어라고 하더라도 뉘앙스를 바꾸는 것은 음성적 요소다. 목소리는 메타메시지를 전달한다. 예를 들어 '잘했어'라는 언어적 표현이 어떤 음성인가에 따라 칭찬하는 표현이 되기도 하고 비난으로 바뀔 수 있다. 컨디션과 상황, 상대와의 관계에 따라 우리의 음색은 달라진다. 상대가 어떤 내용으로 말을 했는지 보다 어떨 때는 말하는 방식에서 불편함을 느끼기도 하는 이유가 목소리에 있다. 음성의 높낮이를 통해서 발표자가 질문을 하는지 진술을 하고 있는지 구분할 수 있고 발표자의 감정을 전달할 수 있다.

발표할 때 목소리는 장소와 청중의 규모, 현장 상황에 맞추어 크기를 조정할 필요가 있다. 얼마나 큰 목소리로 발표를 해야 할지 고민이라면 뒷자리에 앉은 청중에게 명료하게 들릴 수 있도록 해야 한다. 적절한 속도로 발표해야 하고, 중요한 부분을 말할 때는 천천히 강조하는 것이 필요하다. 특히 통계숫자나 수치로 된 자료를 발표할 때는 천천히 또박또박 말해야 정확하게 전달된다. 말과 말 사이에 적절한 쉼표를 두어야 한다. 휴지Pause는 잠시 말을 끊는 것으로 이는 발표 효과를 높이는 데 도움이 될 수 있다.

| 요소 | 발표할 때 음성언어 활용 |
| --- | --- |
| 크기 | 대체로 작은 목소리보다는 큰 목소리가 좋다. 장소 크기, 청중 규모, 외부 소음 정도를 고려하여 마이크를 사용할 지를 고려하고, 뒤에 앉은 청중이 잘 들리도록 목소리 크기를 결정한다. |
| 발음 | 일상적인 대화보다 발표할 때는 의도적으로 명확하게 발음하는 것이 필요하다. 입모양을 바르게 하여 정확한 소리를 내도록 하고 또박또박 말하도록 한다. |
| 속도 | 말의 속도는 청중의 관심과 이해정도에 따라 달라져야 한다. 중요한 부분은 천천히 강조하고, 청중이 알고 있는 부분은 빠르게 말해 전달효과를 극대화 한다. |
| 휴지 | 문장 사이에 쉼표가 있듯이 쉬지 않고 계속 말하기 보다는 중요한 부분은 적절히 쉬고 끊는 휴지를 사용하여 청중의 집중을 높힌다. |
| 어조 | 단조롭고 변화가 없이 말하면 지루함을 줄 수 있다. 음성의 높낮이의 변화를 주거나 내용에 따라 강하게, 때로는 부드럽게 말한다. |

발표할 때 불필요한 음성 습관은 의식적으로 고쳐야 한다. 예컨대 '아, 음, 에~' 등과 같은 간투사를 빈번하게 사용하는 것은 내용의 집중력을 떨어뜨리기에 주의해야 한다. 정확한 발음은 발표의 전달력을 높여주기에 표준발음법을 연습하는 것도 필요하다. 단조로운 어조는 변화를 주어 발표에 생기를 불어넣는 것이 필요하다. 음성은 청중을 지루하게 만들기도 하고 청중을 깨우기도 한다. 중요한 점은 발표내용에 어울리는 목소리를 내야 한다는 것이다. 또한 사적으로 대화 할 때와 많은 사람들 앞에서 공적 말하기를 할 때 목소리가 다를 수 있다는 점에서 자신의 음성 특징을 파악하고 발표에 적합한 목소리를 만들어 가야 한다.

**Exercise** | 공적 말하기 상황에서의 자신의 음성을 녹음하여, 메시지를 효과적으로 전달하고 있는지 객관적으로 진단해 보고 어떤 점을 고치면 좋을지 피드백을 받아보자.

### (3) 비언어적 측면

비언어는 언어는 아니지만 언어 이상으로 메시지를 전한다. 발표의 효과를 높이기 위해서는 시선, 표정, 제스처와 같은 몸짓언어와 의상, 소품과 같은 사물언어, 시간과 공간 언어 등 비언어적 측면에도 유의해야 한다. 메라비안Mehrabian 법칙에 따르면 발표자의 언어적 표현은 7%에 불과하다고 한다. 음성 요소가 38%, 얼굴 표정과 태도가 55%로 의사소통에 영향을 미친다고 한다. 효과적인 발표를 하려면 언어, 준언어, 비언어의 세 요소가 조화를 이루어야 한다.

비언어적 표현은 발표자와 청중 사이에 감정적 교류를 통해 교감을 형성하게 한다. 발표자의 비언어적 표현은 언어보다도 더 직접적으로 발표자의 상태를 보여준다. 발표자가 준비가 되어 있는지, 청중에 대해 어떤 느낌을 갖고 있는지 얼굴 표정이나 시선, 동작을 통해 드러날 수 있다. 발표자의 행동은 발표 내용을 풍부하게 하고 내용 자체를 보완하는 역할을 한다. 우리는 스스로도 의식하지 못한 채 몸말을 구사하고 있다. 몸짓언어는 사회 문화적으로 체득하는 터라 동일 문화권이 아닌 경우 이해하기 어려울 때도 있지만 감정표현의 경우 대체로 유사하게 해석된다. 가장 결정적으로 작용하는 비언어 몇 가지를 살펴보면 다음과 같다.

① **표정과 시선** – 얼굴 표정과 시선처리도 메시지를 전한다. 얼굴은 인간의 기본적인 정서인 기쁨, 놀람, 두려움, 슬픔, 분노, 혐오 등의 감정을 드러낸다. 물론 의도적으로 얼굴 표정을 조절할 수 있고 포커페이스를 유지할 수 있으나 표정과 눈빛은 심리 상태를 정직하게 보여주는 창이다. 발표자와 청중은 서로의 얼굴 표정을 통해 소통이 제대로 되고 있는지 해석할 수 있다. 발표를 할 때는 의식적으로 안정감 있는 시선관리를 통해 청중에게 신뢰감을 줄 필요가 있다. 자연스럽게 청중과 시선을 마주치면서 소통을 이어가야 한다.

② **제스처** – 발표 내용에 맞는 적절한 제스처를 활용할 필요가 있다. 제스처는 사회문화적 산물로 자신이 속한 사회 속에서 학습을 통해

이루어지는 경우가 대부분이다. 팔, 손 등을 활용한 다양한 제스처는 말을 대신하기도 하고 상징적으로 메시지를 전달한다. 메시지를 강화하고 보완하는 역할을 하는 중요한 표현 도구라는 점에서 제스처를 적절히 사용하여 설득력을 높힐 필요가 있다.

③ **태도** – 발표자의 태도는 커뮤니케이션에서 많은 비중을 차지한다. 앉은 자세, 서 있는 자세를 통해 발표자가 자신감이 있는지 위축된 상태인지를 보여준다. 부동 자세로 긴장해 발표하는 것은 청중에게 오히려 부담을 줄 수 있다. 정중하고 반듯한 테도를 통해 신뢰할만한 발표자라는 메시지를 전달할 필요가 있다.

④ **사물언어** – 발표자의 머리부터 발끝까지 보여지는 모든 것이 메시지다. 헤어스타일, 옷차림, 액세서리, 구두, 가방 등을 통해 청중은 발표자의 전문성, 사회적 지위, 발표 준비 정도 등을 파악하기도 한다. 발표자의 의상 색깔도 말을 한다. 그런 점에서 공적인 말하기 상황에서는 발표자의 공신력을 보여줄 수 있도록 사물언어의 측면도 유의해야 한다.

⑤ **시간, 공간언어** – 시간과 공간도 비언어에 포함된다. 시간 개념이 명확하여 발표자가 정확하게 발표시간을 지키는 경우 신뢰성을 줄 수 있다. 정해진 시간보다 늦다, 이르다는 판단 여부는 문화적인 맥락에 따라 해석이 달라지기도 하지만, 커뮤니케이션에서 중요한 의미가 있다. 예컨대 발표에 지각을 하거나 예정시간보다 늦게 끝내는 것은 마이너스적 요소다.

한편 공적 말하기의 경우 공간 상황 또한 영향을 미친다. 청중과의 친밀함이 있다면 50cm, 개인적 거리는 50~120cm, 사회적 거리는 120~350cm, 공적 거리는 350cm 이상으로 구분되어진다. 발표를 할 때의 공간 사용은 사회적 거리와 공적 거리 안에서 주로 일어나게 된다. 서로의 관계와 발표 상황에 따라 사람들이 느끼는 편안한 거리를 존중해 주는 것이 필요하다.

발표를 할 때 하지 말아야 하는 비언어에도 유의해야 한다. 시각적으로 드러나는 몸짓언어가 어설프면 발표 내용의 신뢰도에도 영향을 미친다. 예를 들어 발표자가 발표하는 동안 내내 다리를 떠는 등의 조바심을 나타내는 경우, 자신의 발표 차례가 되었을 때 주저하면서 우물쭈물 나오거나 조급하게 시작하고 빨리 끝마치는 경우도 좋지 않은 발표 태도다.

청중을 설득하는 데는 메시지 이상으로 발표 태도가 영향을 미친다는 점을 유념해야 한다. 발표를 잘 하기 위해서는 기본기를 탄탄히 다지는 것이 필요하다. 많은 사람들의 시선을 받고 무대에 나서는 일에 익숙해져야 긴장을 덜한다. 이런 점에서 발표할 기회가 있으면 손을 들고 먼저 얘기하고 청중들 앞에 나와 말을 하는 기회를 자주 갖는 것이 좋다. 마이크를 자주 잡게 되면 발표의 공포로부터 자유로워질 수 있다. 발표에는 왕도가 없다. 좋은 발표는 연습에 달려 있다.

**Exercise** | 발표를 잘 하려면 어떤 점에 유의해야 할지 아래의 학생 글을 참고하여 구체적으로 논의해 보자.

### "발표, 사칙연산의 법칙만 기억하라"

들으면 들을수록 보면 볼수록 다양한 세계가 펼쳐지는 것이 있다. 그것은 바로 발표의 세계다. 자기소개, 프레젠테이션, 연설 등 다양한 발표 유형이 존재하듯이 발표를 풀어나가는 방식 또한 각양각색이다. 누구나 한 번쯤 다양한 장소에서 서로 다른 사람들이 발표하는 모습을 접한 적이 있을 것이다. 발표 방식은 다를지라도, 결국 발표에서 중요한 점은 몇 가지로 정리될 수 있다. '사칙연산'인 +(더하기), −(빼기), ×(곱하기), ÷(나누기)를 유념하면 더 나은 발표를 할 수 있다.

첫째, 발표에서 무엇을 더할 수 있을까? 발표를 하는 데 있어 중요한 것은 청중과의 상호작용이다. 발표자가 일방적으로 전달하는 것이 아니라 청중과 쌍방향 소통을 할 수 있어야 한다. 따라서 발표를 할 때는 청중의 흥미를 끌 수 있는 요소를 '더해야' 한다. 특히 신경 써야 할 부분은 도입부이다. '시작이 반이다'라는 속담이 있듯이 발표에 있어도입부는 청중에게 중요한 영향을 미친다. 도입부가 청중의 흥미를 이끌어 낼 수 있다면 발표를 듣는 이들은 관심을 갖고 경청하게 될 것이다. 그러나 만일 도입부에서 청중의 호기심을 자극하지 못한다면 그 발표는 뒤로 갈수록 점점 더 청중의 반응을 이끌어내지 못하게 될 것이다. 그러므로 발표에 청중의 흥미 요소를 '더하는(+)' 것이 중요하다.

둘째, 발표에서 무엇을 뺄 수 있을까? 발표의 목적에 따라 정보를 전달하거나 자신이 깨달은 점, 권장할 점과 같은 메시지를 전달한다. 발표시간이 한정되어 있기에 청중에게 모든 것을 전할 수는 없다. '선택과 집중'이 필요하다. 즉, 발표와 관계없는 내용은 과감하게 제거하여 핵심을 선택하고 더 필요한 내용에 집중해야 한다는 것이다. 만약 발표를 통해 청중에게 많은 정보를 전달했다고 하더라도 결국 그 내용이 발표 주제와 직접적으로 관련이 없는 것들이었다면, 발표자는 제대로 된 발표를 했다고 볼 수 없다. 어떠한 유형이든 발표는 고유의 목적을 가지고 이루어지게 된다. 그러므로 발표에서 관련 없는 요소를 '빼는(−)' 것이 중요하다.

셋째, 발표에서 무엇을 곱할 수 있을까? 구체적인 청중의 수는 각각 다를 수 있지만 대부분의 발표는 일상의 대화보다 듣는 사람이 많은 상황에서 진행하게 된다. 일상적인 대화에서는 마주하고 있는 상대방이 들릴 정도의 크기로 말을 이어가도 문제가 없다. 그러나 발표는 다수의 청중을 대상으로 이루어지는 것이기에 듣는 이 모두가 이해할 수 있는 목소리로 발표해야 한다. 발표를 하는 상황과 장소에 맞추어 목소리 크기를 평상시의 2배, 3배씩 키워야 할 필요가 있다. 발표는 청중에게 다양한 내용을 전달하는 행위라는 점에서 이를 제대로 달성하지 못한다면 성공한 발표라고 말할 수 없다. 그러므로 발표 장소나 상황에 따라 목소리의 크기를 N배로 '늘리는' 것이 필요하다.

넷째, 발표에서 무엇을 나눌 수 있을까? 의사소통에서 중요한 것은 상대방과 시선을 맞춤으로써 함께 이야기하고 있음을 인지하게 하는 것이다. 발표를 할 때는 청중을 쳐다보고 진행해야 한다. 이 때 중요한 것은 특정 청중 한 명에게만 시선이 집중되면 안 되고 너무 산만한 시선을 보여서도 안 된다는 것이다. 발표자는 청중을 골고루 바라보며 시선을 '나누어야' 한다. 청중들을 발표에 집중하도록 만드는 것은 발표자의 시선처리다. 따라서 청중들이 한 명이라도 소외되지 않도록 발표할 때 적절한 시선 분산이 중요하다.

이상과 같이 '사칙연산'에 비유하여 발표의 핵심을 살펴보았다. 사칙연산 법칙만 기억한다면 누구든지 발표를 잘 할 수 있다.

## 5) 발표 평가

### (1) 평가기준

발표를 평가하는 일은 다음의 더 나은 발표를 위해 중요하다. 발표 초보자들은 대중 앞에 서서 무언가를 말한다는 사실만으로도 불안감을 느낀다. 많은 사람들의 시선을 받는 일이 부담스럽기 때문이다. 발표하기 전에는 누구나 긴장을 경험하기에 발표불안증을 다스릴 필요가 있다. 자주 발표하는 무대에 서다보면 긴장감은 얼마든지 관리가 가능한 일이다. '발표를 잘 해야 한다'는 강박관념에서 벗어나 '준비한만큼 하면 된다'는 마음가짐으로 발표하도록 한다. 발표불안증은 준비와 연습이 충분하지 않을 때 더 심하게 나타난다. 지나친 긴장과 불안으로 발표 내용을 충분히 전달하지 못한다면 안타까운 일이다. 따라서 이러한 실수를 줄이기 위해 사전에 발표불안을 극복하는 노력을 꾸준히 해야 한다.

발표를 할 때 특히 신경 써야 할 부분은 목소리의 명료성이다. 너무 작은 목소리나 말끝을 흐리는 목소리는 메시지 전달뿐만 아니라 화자의 자신감도 느낄 수 없기에 부정적인 결과를 낳을 수 있다. 내용의 중요도에 따라서 목소리의 강약완급이 달라져야 한다. 중요한 내용은 천천히 크게 강조하고, 덜 중요한 내용은 빠르고 약한 톤으로 말하는 것이 필요하다. 이에 음성에 대한 평가를 통해 발표자가 의식적으로 목소리 전달에 신경을 쓰도록 유도할 필요가 있다. 비언어에 대한 평가도 중요하다. 비언어는 제스처나 태도, 표정 그리고 의상이나 무대 분위기 등 언어와는 상관없지만 발표의 중요한 요소다. 따라서 청중 설득을 위해서 발표내용의 특징과 성격에 맞추어 적절한 비언어가 사용되었는지를 평가할 필요가 있다.

발표를 평가할 때 가장 중요하게 보는 것은 발표 주제에 대해 발표자가 얼마나 많이, 깊이 있게 알고 있느냐이다. 또한 청중이 흥미를 느낄만한 신선한 아이디어를 제공했는지, 청중의 공감을 이끌어냈는지 중요하다. 발표자가 이를 위해 청중의 흥미나 관심사를 미리 분석하여 적절한 발표 주제를 선택했는지를 평가해야 한다. 나아가 선택한 주제에 대해 자신만의 생각, 창의적인 메시지를 청중에게 전달하기 위해 주제에 대해 심층적으로 조사하고 연구하는 과정이 필요하기에 이에 대한 평가도 필요하다. 다양한 자료들을 찾아보고 분석하면서 자신의 생각을 발전시켜야 좋은 발표이기 때문이다. 좋은 발표가 되기 위해서는 주제에 대한 다양한 자료와 정보들을 논리적으로 정리하여 설명하는 것이 중요하다. 아무리 내용이 좋고 풍부하더라도 장황하게, 비논리적으로 전달된다면 청중은 전체 내용을 이해할 수 없고 청중 설득의 큰 장애가 될 수 있다.

발표는 발표자 혼자 하는 것이 아니다. 발표는 형식적으로는 일방적으로 전달하는 것처럼 보이지만 내용적으로는 하나의 대화라고 할 수 있다. 항상 청중을 염두에 두면서 청중과 소통하기 때문이다. 따라서 발표에서 중요하게 여기는 평가기준은 발표내용을 전달하는 청중과의 소통방식이다. 발표를 실행할 때 청중의 주목도나 효과를 고려하여 대화하듯이 완급을 조절해 갔는지를 평가하는 것이다. 청중의 반응을 고려하고 이에 적절히 대처하는 발표자의 태도를 평가함으로써 청중과의 소통의 중요성을 강조할 수 있다. 이처럼 발표를 평가하는 기준을 고려하여 발표를 실습을 한다면 발표 능력을 향상시킬 수 있다.

Tips

**발표 실행에 대한 평가기준**

- 청중이 흥미를 느낄만한 발표주제를 선택했는가?
- 발표주제에 대해 충분하고 깊이 있는 자료나 정보를 제공했는가?
- 발표주제의 자료나 정보들이 논리적으로 잘 구성되었나?
- 발표주제에 대해 청중에게 참신한 메시지가 전달되었나?
- 발표주제에 대한 메시지가 청중의 공감을 이끌어냈나?
- 발표내용의 전달방식, 즉 준언어나 비언어 수단은 적절했는가?
- 청중과의 대화적 발언기조를 유지했는가?

### (2) 평가방법

평가는 정해진 목표를 달성했는지 여부를 알아보기 위해 행하는 활동이다. 발표 실습이 끝나고 스스로를 돌아보고 다른 사람으로부터 평가를 받으며 좀 더 세련되게 발표를 완성하기 위해 필요한 과정이다. 이에 무엇보다 발표자 스스로 자신의 발표를 모니터링하고 평가하는 것도 중요하다. 발표과정을 객관화시켜 보기가 쉽지 않기에 평가 항목에 따라 어떤 점이 좋았고 어떤 부분이 부족한지를 체크하며 살펴보는 것이다. 즉 발표 내용이 목적에 적합했는지, 시선과 제스처 등 발표 태도는 괜찮았는지 살펴보면서 전체적으로 발표과정을 점검하며 추후 보완하는데 참고로 활용하는 것이다.

### ① 셀프 모니터링

셀프 모니터링은 발표의 준비부터 실행에 이르기까지 전체 과정을 돌아보는 기회다. 발표의 목표는 잘 달성했는지, 발표 내용은 잘 구성되었는지, 청중과의 상호작용은 활발하게 이루어졌는지, 발표도구나 매체는 효과적이었는지를 자체적으로 점검하고 평가하며 향후 개선할 점을 발견해 보는 것이다. 이에 발표하는 상황을 동영상으로 촬영하여 객관적으로 검토해 볼 수 있도록 할 필요가 있다. 발표하는 동안 자신도 모르게 사용하는 언어적, 비언어적 습관을 발견할 수 있기 때문이다. 또한 청중의 관심을 적절하게 이끌어 내며 소통하고 있는지를 검토해 볼 수 있다.

이처럼 셀프 모니터링을 통해 객관적으로 자신의 발표를 성찰해 보고 더 나은 발표를 위하여 개선책을 모색해 보는 것이다. 그런 점에서 "이번에는 잘 못한 것 같다. 다음에는 잘 해야 겠다"는 식의 막연한 셀프 피드백은 의미가 없다. 발표가 처음의 계획대로 잘 진행되었는지, 어떤 점이 미흡했는지, 앞으로 무엇을 더 보완해야 할지 엄정한 자기평가를 통해 더 나은 발표를 준비하는 시간이 되어야 한다.

**Exercise** | 자신의 발표를 아래와 같은 자기평가 질문내용을 바탕으로 스스로 평가해 보고 향후 어떻게 극복해 갈 것인지 구체적인 개선 방법을 모색해 보자.

| 자기평가 질문내용 | O/× | 개선 방법 |
|---|---|---|
| 생각을 적극적으로 잘 표현하였다 | | |
| 체계적으로 내용을 정리해서 말하였다 | | |
| 발표할 때 목소리가 컸고 그다지 떨지 않았다 | | |
| 발표 할 때 끝을 흐리거나 웅얼거리듯이 말했다 | | |
| 발표 중간에 내가 지금 무슨 말을 하고 있는지 놓쳤다 | | |
| 사람들 앞에서 발표할 때면 얼굴이 먼저 붉어지는 편이다 | | |
| 청중과 시선을 마주치지 않은 채 발표했다 | | |
| 발표 시간에 정확히 맞추어 발표하였다 | | |
| 발표를 들어주는 사람이 많을수록 기분이 좋아지는 편이다 | | |
| 발표하는 상황을 생각만 해도 긴장되고 불안증이 생긴다 | | |

### ② 동료평가 및 피드백

발표 평가는 청중들의 몫이다. 평가를 통해 발표에서 좋았던 점과 아쉬운 점을 지적해주면서 더 나은 발표를 할 수 있도록 한다. 많은 사람들에게 평가를 받고 객관적으로 살펴보는 시간을 갖는 것은 더 나은 발표를 위해 중요하다. 비슷한 목표를 가진 동료 학습자들과 전문성을 갖춘 교수자의 피드백을 다면적으로 활용하는 것이 평가의 효과를 높일 수 있다. 평가자들은 발표평가서에 따라 구체적으로 평가한다. 건설적인 피드백을 제공하려면 적절한 평가항목을 설정하는 것이 중요하다.

발표평가표에 기초하여 하나씩 체크하면서 발표에서 잘한 점과 부족한 점을 균형감 있게 제시해 줄 필요가 있다. 피드백은 긍정적이고 발전적인 방향으로 주어야 의미가 있다. 발표자가 자신의 발표를 객관적으로 인식하고 비판과 교정을 통해 변화시켜 갈 수 있도록 실질적으로 도움이 될 수 있는 구체적인 평가와 피드백을 주는 것이 청중의 역할이다. 좋은 청중이 좋은 발표를 만든다. 발표를 평가하는 것이지 발표자를 심판하는 자리가 아니기에, 앞으로 더 좋은 발표를 하기 위해 어느 점에 유의하면 좋을지 객관적인 평가를 통해 더 나은 방법을 제안해 줄 필요가 있다.

| 평가 범주 | 세부 평가항목 | 평가척도 | 피드백 |
|---|---|---|---|
| 목표달성 | • 청중을 이해, 설득시켰는가?<br>• 발표의 목적을 완수했는가?<br>• 청중이 의사결정을 하도록 했는가? | 5 4 3 2 1 | |
| 3P 분석 | • 목적purpose 분석은 적절했는가?<br>• 청중people 분석은 적절했는가?<br>• 장소place 분석은 적절했는가? | 5 4 3 2 1 | |
| 발표내용 | • 서론–본론–결론 구성의 원리를 적용했는가?<br>• 핵심을 3가지로 정리하여 제시했는가?<br>• 논리적으로 내용을 전개했는가? | 5 4 3 2 1 | |
| 상호작용 | • 청중과의 눈 맞춤은 충분히 이루어졌는가?<br>• 청중과의 질의응답이 순조로웠는가?<br>• 청중의 반응에 적절히 대응하였는가? | 5 4 3 2 1 | |
| 매체활용 | • 시청각매체는 청중의 이해를 촉진했는가?<br>• 기자재의 조작에 문제는 없었는가?<br>• 도구 활용이 청중의 관심을 환기시켰는가? | 5 4 3 2 1 | |

**Exercise** | 아래의 학생 글은 훌륭한 발표자가 되기 위해 유념해야 할 점을 '건물짓기'의 비유하고 있다. 이처럼 좋은 발표를 하기 위해 고려해야 할 점을 인상 깊은 비유를 들어 정리해 보자.

## “건물 짓듯이 ‘공적 말하기’를 준비하라”

대부분의 사람들은 ‘공적 말하기’를 하는 상황에 놓인 경우 ‘공적 말하기’라는 단어에 대한 위압감으로 겁부터 먼저 먹는다. 하지만 ‘공적 말하기’를 건물 짓기처럼 생각하여 차례차례 준비하다보면 성공적으로 ‘공적 말하기’를 마칠 수 있다. ‘공적 말하기’는 연설, 강연, 토론 등 여러 가지 종류의 말하기가 있다. 발표 상황이 다를 뿐 이들을 잘 하기 위해서는 공통적인 핵심요소가 존재한다.

첫째, 기반을 튼튼하게 해야 한다. 건물을 지을 때 뼈대를 튼튼하게 하는 것이 중요하듯 말하고자 하는 내용의 줄거리를 잘 잡아야 한다. 기초가 튼튼하지 않다면 완공을 하더라도 건물이 무너질 수 있기 때문이다. 말하기도 마찬가지이다. 주제가 주어진다면, 무슨 말을 할 것인지 화제를 생각해 보며 본인의 경험을 떠올려본다. 구체적인 예시를 활용하여 말한다면 호소력이 있는 발표로 청중들을 주목시킬 것이다. 스티브 잡스의 스탠포드 대학 졸업식 축사를 보면 쉽게 이해할 수 있을 것이다. 스티브 잡스는 연설에서 세 가지의 이야기를 들려주었다. 본인의 경험을 통해 깨달은 점을 구체적으로 말했기 때문에 청중들도 자연스레 이야기에 집중을 하며 진정성 있게 받아들일 수 있었다.

둘째, 건물을 쌓아가듯이 구체적으로 해야 할 말을 구성해야 한다. 기반을 잘 다졌다면 건물을 잘 쌓아 올리는 것이 중요하다. 말하기도 마찬가지이다. 자신이 하고 싶은 말을 글로 작성해 보는 것이 좋다. 미리 할 말을 정리해보지 않고 말하기를 진행한다면, 횡설수설한 말하기가 될 수 있다. 할 말에 대해 초고를 써보고, 건물 쌓듯이 조금씩 할 말을 얹으면 된다.

논리적인 체계를 갖추어 두괄식으로 단락을 구성하고, 청중들이 이해하기 쉬운 표현을 사용하는 것이 좋다. 스티브 잡스의 연설을 보면, 하고자 하는 말을 먼저 말하고 쉬운 단어들로 내용을 풀어갔다. ‘말하기’이므로 글을 읽을 때와는 달리 여러 번 들을 수 없다. ‘글’이라면 여러 번 읽으며 의미를 곱씹어 볼 수 있지만, 말하기는 한 번의 기회밖에 없다. 따라서 청중들이 무슨 말을 전하고자 하는지 이해하기 쉽도록 주제를 먼저 말하고, 이해하기 쉽게 말을 전달하는 것이 좋다.

셋째, 건물을 다 짓고 나면 내부를 꾸미듯이 말하기도 마찬가지다. 발표 내용을 청중과 상황에 따라 어떻게 말할지 고려해야 한다. 스티브 잡스의 연설을 보면 중요한 부분을 크게, 여러 번 말하며 강조하는 것을 볼 수 있다. 다만 연설이므로 포디움 뒤에서 말하고 제스처는 거의 하지 않는 것을 알 수 있다. 만약 프레젠테이션이라면, 무대 중앙으로 나와 제스처를 크게 사용해야 청중들의 이목을 끌 수 있을 것이다. 이와 같이 상황에 맞게 대본을 변형하여 자연스럽게 보이도록 연습해야 한다.

건물 짓기에 비유하여 '공적 말하기'를 할 때 무엇이 중요한지 알아보았다. 요약하면 먼저 본인의 경험을 토대로 무슨 말을 할지 기반을 튼튼히 다지고, 구체적이고 논리적으로 내용을 구성하고 이해하기 쉬운 표현으로 대본을 쓰면서 청중과 상황에 맞도록 말하기 연습을 해야 한다는 것이다. 건물 짓기를 고려해 '공적 말하기' 하다 보면 독자들도 어느 새 훌륭한 발표자가 되어 있을 것이다.

〈발표 평가서〉

| 발표자 | | 평가자 | |
|---|---|---|---|

| | 평 가 항 목 | 5점 만점 | | | | |
|---|---|---|---|---|---|---|
| | | 5 | 4 | 3 | 2 | 1 |
| 발표 내용 | 1. 발표의 목적과 필요성을 명확하게 이해하였다 | | | | | |
| | 2. 청중성향을 잘 분석하여 화제를 잘 선택하였다 | | | | | |
| | 3. 자료나 정보가 충분하며 질적으로 우수하였다 | | | | | |
| | 4. 발표의 핵심내용이 논리적으로 구성되었다 | | | | | |
| | 5. 발표의 서두는 흥미를 끌 수 있도록 제시되었다 | | | | | |
| | 6. 발표의 마무리가 인상 깊은 여운을 주었다 | | | | | |
| 발표 태도 | 7. 발표자는 긴장하거나 어색하게 보이지 않았다 | | | | | |
| | 8. 목소리의 크기가 적절하였다 | | | | | |
| | 9. 목소리의 빠르기가 적절하였다 | | | | | |
| | 10. 발표자의 시선 처리가 적절하였다 | | | | | |
| | 11. 손동작이나 제스처의 활용이 자연스러웠다 | | | | | |
| | 12. 대화적 발언기조를 유지하였다 | | | | | |

| 좋았던 점 | 아쉬웠던 점 |
|---|---|
| | |

# 02

# 발표의 **실제**

## Guide

발표의 원리를 적용하여 직접 발표의 실제 상황에 적용해 보며 유의할 점을 익히도록 한다. 먼저 공적 말하기에서 가장 먼저 하게 되는 발표인 자기소개를 통해 청중에게 어떻게 자신을 소개하고 표현하는 일이 중요한지를 배운다. 또한 유용한 정보를 전달해주는 '프레젠테이션'과 청중들에게 동기부여를 하고 설득하는 '연설'을 실습해 보면서 각각의 발표 유형의 특징과 유념해야 할 점을 익히도록 한다. 유튜브, TED 등 동영상 자료중에서 발표의 다양한 사례들을 분석하고 발표 실습과정에도 적용하며 어떤 점을 보완하는 게 좋은지 논의해 본다.

### 1) 자기소개

자기소개는 새로 만난 사람들에게 자신을 알리기 위한 말하기다. 첫 만남에서 이루어지는 의사소통의 방법으로 만난 지 얼마 안 된 상황에서 자신이 어떤 사람인지를 서로에게 알려주기 위해 이루어지는 활동이다. 공적 말하기 상황에서 자기소개는 목적을 갖고 있다. 입학 후 첫인사, 동아리 가입이나 미팅에서의 소개, 아르바이트나 취업 면접 등과 같은 다양한 상황에서 자기소개를 통해 자신이 누구이며 어떤 성격과 역량이 있는지를 보여주는 발표인 것이다. 그런 점에서 자기소개는 발표자 스스로 자신을 이해하는 성찰하는 행위이자, 타인에게 자신에 대한 정보를 제공하면서 동시에 호감을 주려는 설득적 말하기다.

자기소개를 하는 상황은 매우 다양하다. '나'와 관련한 많은 정보들 가운데 어떤 정보를 어떻게 전달할 것인가를 생각하여 호감을 줄 수 있도록 자기소개를 해야 한다. 자기소개는 '나'를 분석하여 발표하는 것이다. 자신을 가장 잘 아는 사람인 내가 어떤 상황에서 자기소개를 하는지에 따라 자기소개 발표 내용이 달라진다. 자기소개는 본격적인 관계가 시작되기에 앞서 자신에 대한 일련의 정보를 제공하여 혹여 있을지 모를 첫인상에 따른 선입견을 없애주기도 한다. 또한 특정 집단에 들어가기 위해서 예비 구성원으로서의 능력과 자질을 보여주는 자리이기도 하다. 이처럼 자기소개는 자신의 성품이나 장점, 가치관, 역량 등 다른 사람들과 구별되는 자신만의 특징이나 개성을 전달하는 기회라고 할 수 있다.

대부분의 자기소개는 짧은 시간 안에 이루어진다. 이에 자신의 이력이나 특별한 경험 등을 평소에 정리해 두는 것이 필요하다. 자기소개는 나 자신과 관련한 주관적, 객관적인 정보를 취사 선별하여 전달하는 셀프 프레젠테이션이다. 자기소개를 통해 자신의 존재가치를 보여주어야 하기에 상황에 따른 적절한 자기소개가 이루어지도록 잘 준비해야 한다.

**Exercise** | 같은 수업을 듣게 된 동료들끼리 반갑게 인사 나누면서 본격적인 자기소개에 앞서 자신의 이름을 소개해 보자. 예를 들어 "저는 김영수입니다. 부모님께서 학교에 가서 영어와 수학을 잘하라고 '영수'로 지어 주셨습니다"처럼 한 두 문장으로 짧지만 인상 깊게 자신의 이름을 소개하자.

### (1) 자신을 들여다보기

자기소개를 하려면 먼저 자기 자신에 대해 잘 알아야 한다. 그런 점에서 자기소개는 자신을 탐구하고 성찰하는 과정을 필요로 한다. 자신을 가장 잘 아는 사람인 내가 '나'와 관련한 많은 정보들 가운데 어떤 정보를 선택하여 전달하는 게 좋은지 판단해야 되기 때문이다. 어떤 상황에서 누구를 대상으로 자기소개를 하는지에 따라 나에 대한 정보 구성은 다르다. 자신을 가장 잘 알 수 있는 사람은 자기 자신이지만, 이도 스스로 깊이 돌아보는 과정이 전제되어야만 파악할 수 있다. 그러므로 자기소개를 준비하는 과정을 통해 발표자 자신에 대한 이해와 숙고가 이루어진다.

자기소개를 효과적으로 준비하기 위해서는 자아탐구가 이루어져야 한다. 자신에 대한 이야기를 풀어가려면 평소 자신이 좋아하는 것과 싫어하는 것은 무엇인지, 다른 사람에 비해 잘하는 것은 무엇인지, 자신 있게 할 수 있는 특기와 전문성은 무엇인지, 평소에 즐기는 취미는 무엇인지, 왜 그것을 좋아하게 되었는지 되돌아보며 구체적으로 생각해야 한다. 결국 자기소개를 준비하며 자신에 대해 이해하고 자신이 어떤 존재인지를 발견하게 되는 것이다.

자기소개에 포함되는 내용들은 기본적으로 다음과 같다. 성장과정, 학창생활, 성격의 장단점, 특기 및 취미, 장래 희망 등이 그것이다. 자아 탐구를 통해 자신에 대한 과거 이력이나 현재 활동, 미래 계획을 비롯해 좌우명과 철학, 다양한 경험들을 정리해 둘 필요가 있다. 자기소개를 할 수 있는 기초 자료가 마련되어야 자기소개를 효과적으로 할 수 있다.

자신의 정보를 체계적으로 정리해 두어야 자기소개를 잘 할 수 있다. 평소 자신의 이력과 경험을 기록해 두는 것이 자기소개를 준비할 때 도움이 된다. 자신의 객관적인 정보를 정리하되 자신을 매력적으로 부각시킬 수 있는 구체적인 일화와 경험을 기록해 두는 것이다. 이처럼 자신을 대상으로 들여다보는 시간을 통해 자신에 대해 좀 더 알게 되고 자기를 잘 표현할 수 있게 되는 것이다. 결국 자기소개를 준비하며 자신에 대해 관심을 갖고 자기를 관찰하고 성찰하게 되는 것이다.

**Exercise** | 다음의 한비야의 '이름값 제대로 하기' 칼럼을 읽고 들었던 생각을 서로 나누고, 자신의 이름의 뜻을 인상 깊게 소개하는 방법을 생각해 보자.

나는 '비야'라는 이름으로 영세를 받아 한비야가 되었다. 그 후 날 비(飛), 들 야(野)라는 한문 이름으로 개명해서 공식적인 본명으로 쓰고 있다. 그나저나 내가 한씨니까 망정이지 장씨나 노씨나 변씨였으면 어쩔 뻔했나? 장비야, 노비야, 변비야가 될 뻔했다. 나씨, 단씨, 왕씨였으면 나비야, 단비야, 왕비야로 좀 낫지만 그래도 비야는 한비야가 딱인 것 같다. 아무튼 나는 한비야라는 이름 덕을 톡톡히 보고 산다. 발음이 쉬워서 누구든 쉽게 따라 하면서 금방 외운다. 그래서 세계 어느 오지 마을에 가도 한나절만 지나면 동네 사람들 모두가 내 이름을 부르고 다니곤 한다.

이름 덕을 톡톡히 보아서일까? 나는 늘 이름값에 대해 생각한다. 과연 내 이름에 걸맞게 살고 있는가? 내 세례명 '비야'는 이탈리아 성녀 이름으로 본뜻은 "무엇이든 정성껏, 열심히 하는"이다. 한문으로 비야(飛野)는 '광야를 자유롭게 나는'이기도 하다. 이 멋진 이름대로 최선을 다해 살려고 노력하는 내가 마음에 들 때도 많지만 2% 부족하다고 느낄 때가 더 많다. 좀 더 잘할 수 있었는데, 용기 내서 한 발짝 더 나가야 했는데, 그런 것쯤은 떨쳐버릴 수 있었는데, 하면서 말이다. 무슨 일을 하든, 결과가 어떻든 그 일을 하는 내 마음과 태도가 같고, 내 말과 행동이 일치한다면 그걸로도 이름값은 충분하다고 여기려 한다.

**Exercise** | 서로 좀 더 가까워질 수 있도록 짝을 지어 취미나 특기, 장래 희망 등 질문을 던지고 상대방이 답변한 내용을 인터뷰 형식으로 정리해 보자. 상대편 인터뷰가 끝나면 역할을 바꾸어 다시 인터뷰를 해보자.

**Exercise** | 자신의 삶에서 영향을 미친 인물을 찾아보고 그 사람으로부터 무엇을 배웠는지 구체적으로 생각해 보자. 자신이 소중하게 생각하는 신념이나 가치관을 조원들에게 말해 보자

### (2) '자기소개서' 쓰기

자기소개 발표를 하기 전에 글로 정리해 보는 것이 필요하다. 자기소개서는 글로 하는 자기소개다. '나는 이런 사람이다'는 주장을 하기 위해 구체적 근거를 갖고 논증하는 글이다. '나는 누구인가, 나는 어떤 사람인가, 나는 어떤 능력을 갖고 있는가?'에 대한 질문에 논리적으로 답변하는 식으로 내용을 구성해야 한다. 청중에게 나에 대해 호감을 갖도록 설득하는 글이라 하겠다.

따라서 자기소개서는 글쓰기의 측면에서 완결성이 있어야 한다. 자신을 잘 나타내는 제목이 있어야 하고 내용 구성도 체계적이어야 한다. 특정 양식이 있는 경우 이를 염두에 두고 각 항목에 적합하게 작성되어야 한다. 공식적인 자기소개서의 경우 지면의 제약이나 글자 수가 정해진 경우가

있어 이러한 형식적 측면도 고려해야 한다. 나를 소개받는 대상에게 나 자신의 매력을 '설득'하는 글쓰기가 되도록 논증 글형태로 자기소개서를 구성하는 것이 좋다.

| 논증 글 | 주 장 | 근거 및 예시 |
|---|---|---|
| 자기소개서 | 나는~사람이다<br>나는~능력이 있다<br>나는~관심이 있다 | 에피소드, 사건, 구체적인 경험을 통해<br>독자성과 타당성을 확보 |

자기소개서도 키워드가 있어야 한다. 먼저 한 마디로 자신을 나타내는 단어나 주제문을 제시하는 것이 좋다. 자기소개를 하는 목적과 상황을 고려하여 자신의 특징을 인상 깊게 보여주어야 한다. 정해진 시간과 분량 내에 자기소개를 하는 것이기에 강조하고 싶은 점을 처음에 보여주는 것이 효과적이다. 이에 중요한 내용을 처음에 제시하는 두괄식 구성으로 자신을 소개하는 것이 좋다. 자기소개서를 보고 자신에게 호감을 갖도록 여운과 감동이 있는 표현으로 마무리한다.

언제나 동일한 자기소개서는 곤란하다. 기업이 소비자에 따라 차별적인 마케팅을 하듯이 자기소개서 역시 발표하는 목적과 상황에 따라 달라야 한다. 자신의 어떤 점을 부각시킬 것인가에 따라 관련 정보를 선별하여 다르게 작성해야 한다. 자신의 다양한 정보들 가운데 필요에 따라 발췌, 편집되는 것이다.

자기소개서에는 이력서에 담을 수 없는 자신의 진면모를 보여주어야 한다. 이력서로는 알 수 없는 자신에 관한 이야기를 스토리텔링 하는 곳이다. '자신은 이런 사람'이라는 주장을 하기 위해 관련 에피소드나 구체적인 예시를 제시해야 효과적이다. 또한 자기소개서가 자기소설서가 되지 않으려면 객관적으로 내용을 서술해야 한다. 연표(年表)를 활용해 자신의 역사를 정리해보고 자신의 미래 청사진을 생각해 보며 다양한 화제를 통해 흥미롭게 내용을 구성해야 한다. 자기소개서의 모든 서술은 자신을 나타내는데 복무해야 함은 당연하다.

**〈자기소개서 A to Z〉**

| | 단 어 | 자기소개서를 쓸 때 왜 이것이 중요한가? |
|---|---|---|
| A | Abstract | 추상적인 문구는 지양하고 구체적인 경험을 담아야 한다.<br>상투적인 표현은 없는지 점검하고 숫자와 고유명사를 활용하여 표현한다. |
| B | Bait | 독자가 궁금하도록, 청중의 관심을 끌 수 있도록 미끼를 던져야 한다.<br>자신의 특별한 경험을 중심으로 차별화된 내용을 서술하도록 한다. |
| C | Consistency | 이력서와 자기소개서가 일관성이 있어야 신뢰성을 확보할 수 있다. |
| D | Day | 하루 만에 급하게 자기소개서를 쓰지 않도록 시간 여유를 갖고 쓴다.<br>성장과정, 구체적인 대학생활, 동아리활동, 성격의 장단점, 장래희망,<br>가치관 등은 미리미리 정리해 둔다. |
| E | Emotional | 과도한 감정을 드러내지 않는다. 자기소개서는 논리적으로 상대를<br>설득하는 글이므로 '매우', '굉장히'와 같은 표현을 사용하지 않는다. |
| F | Fishing | 인상 깊은 소제목을 활용해 독자의 관심을 낚는다.<br>압축적인 제목으로 호감을 줄 수 있도록 나를 위한 '헤드라인'을 만들어 본다. |
| G | Guess | '~한 것 같다', '~으로 보인다' 등의 추측성 표현을 사용하지 않는다. |
| H | Habit | 자기소개서에 자신의 긍정적인 습관을 소개하는 것도 좋다. |

| I | Imprecise | 모호한 표현은 사용하지 말고 구체적인 사례를 들어 서술한다. |
|---|---|---|
| J | Justified | 누구나 당연하게 생각하는 주장의 정당성을 길게 쓰지 않아야 한다. |
| K | Knot | 이야기를 마무리 할 때 좋은 표현을 활용하여 문장을 매듭짓는다. |
| L | Limitation | 자기소개서에 분량 제한이 있다면 유념하여 분량 안에 내용을 맞춘다. |
| M | Motive | 자신의 열정과 자부심과 같은 내면적 동기를 강조하여 표현한다. |
| N | Nail | 문장과 문장을 못질하여 연결하는 접속사를 사용하지 말고 간결한 문체를 사용한다. |
| O | Over | 무엇이든 너무 과장되거나 오버하지 않는 게 좋다. |
| P | Positive | 실패 경험, 성격의 단점도 긍정적으로 해석될 수 있도록 서술한다. |
| Q | Quarter | 각 항목별 적절한 분량을 고려하는 게 좋다. 예컨대 성장과정도 부모님 이야기가 너무 많이 차지하지 않도록 분량 조절을 하고 자신의 이야기가 주가 되도록 해야 한다. |
| R | Repetition | 동일한 에피소드를 반복해서 쓰지 않는다. |
| S | Sympathy | 자기소개서 담을 메시지는 누구나 공감할 수 있는 이야기가 좋다. |
| T | The first person | '저는', '제가'를 문장 주어로 사용하지 않는 게 좋다. '나는 ~이다'로 했다가 '저는~했습니다'는 식으로 혼용해 표기해서는 안된다. |
| U | Underdog | 어렵게 출발해 하나씩 성취하고 극복해 간 스토리를 담는다. 아르바이트, 임시적인 봉사활동도 의미 있는 경험이 될 수 있다. |
| V | Vanity | '제 자신 최고의 인재라고 확신한다'는 식의 유아독존식의 표현을 사용하지 않는다. 자신감과 겸손 사이에 적절한 균형을 잡는다. |
| W | Weakness | 단점을 서술할 경우 '종종~할 때가 있다', '~하는 편이다'처럼 신중한 표현을 사용한다. |
| X | X-file | 자기소개서를 작성하기 전에 자신의 이력 파일을 꺼내놓고 스스로를 객관적으로 바라보고 선별한다. |
| Y | You | 상대를 존중하는 표현을 사용하고 상대가 나를 이해하도록 구성한다. |
| Z | Zzz | 자기소개서를 읽는 사람을 자게 만들거나 지루하지 않게 해야 한다. |

**Exercise** | 이번 학기 새롭게 만난 동료들에게 참신한 캐릭터나 광고문구 등을 활용하여 창의적으로 자기 자신을 표현해 보자.

**Exercise** | 자기소개서에서 자신의 무엇을 어떻게 소개할지 개요를 작성해 보고, 2,000자 분량으로 자기소개서를 직접 써 보자.

**Exercise** | 아래에 학생이 제출한 〈자기소개서〉 사례를 분석하고 어떤 점이 좋은지 조별로 이야기를 나눠보고 자신이 쓴 자기소개서를 수정 보완해 보자.

**"잡'채정아'를 만들기 위한 레시피"** – ○○전공 ○○학번 채정아

일반적인 잡채는 당면에 여러 채소와 양념들을 섞은 음식이다. 그렇다면 잡'채정아'는 어떻게 만들어 졌을까? 잠시 잡'채정아'를 소개하면 나 또한 잡채처럼 여러 요소가 버무려진 사람이라는 것이다. '잡채정아'는 잡채와 채정아를 더해 만든 단어이다. 지금부터 잡'채정아'를 만들기 위한 레시피를 소개하겠다. 우선 잡'채정아'를 만들기 위해서는 3가지의 재료가 필요하다. '축구', '리더', '컴퓨터'가 바로 그 재료들이다. 이 재료들을 잘 모아서 섞으면 잡'채정아'가 완성된다. 지금부터 이 세 가지 재료를 조금 더 알아보자.

첫 번째 재료는 '축구'다. 잡'채정아'에서 축구는 빠질 수 없는 재료다. 축구를 굉장히 좋아하는데 보는 것도 하는 것도 모두 좋아한다. 중학교 때는 축구부 창단 멤버로 활동하며 OO시 여학생 축구 대회에서 동메달을 따고, 중부 여학생 풋살 대회에서 우승하는 등 축구에 대한 남다른 열정을 갖고 있다. 축구를 할 때 느껴지는 에너지, 그 에너지가 작은 공을 통해 친구들과 공유되는 것에서 큰 매력을 느낀다.

좋아하는 축구 팀도 있는데, 중학교 3학년 때부터 영국의 '첼시 FC'를 응원하고 있다. 학교를 졸업하기 전에 첼시의 연고지 런던에서 리그 경기를 직접 관람하는 것이 꿈이다. 이렇듯 축구는 잡'채정아'를 만드는 중요한 재료 중 하나다.

두 번째 재료는 '리더'이다. 잡'채정아'는 리더가 되고 싶고 또 훌륭한 리더가 되기 위해 많은 노력을 하고 있다. 리더십을 가장 많이 기른 경험은 고등학교 2학년 때이다. 반에서 항상 회장, 부회장을 맡던 중에 큰 결심을 하였다. '학생회장에 도전하자!' 이 결심은 결국 잡'채정아'를 ㅇㅇ고등학교 전교 학생회장으로 만들어냈다. 1년간 학생회장으로 활동하면서 때로는 힘들고 지치고 어려울 때도 있었지만, 돌이켜 봤을 때 이 시기 다양한 봉사를 하며 리더십이 많이 향상되었다. 물론 대학생인 지금도 과대표를 맡으면서 또 한 번 리더십을 기르는 중이다.

마지막 재료는 바로 '컴퓨터'이다. 아주 어렸을 때부터 집에 있던 컴퓨터를 세상에서 제일 좋아했던 잡'채정아'는 프로그래머라는 꿈을 가지고 소프트웨어 학부에 입학하였다. 고등학교 때 처음 접해본 코딩은 원래 알고 있던 컴퓨터의 세계에서 벗어나 더 큰 세계에 눈을 뜨게 해주었다. 명령어 하나에 즉각적으로 반응하는 컴퓨터를 보면서 큰 흥미를 느꼈고 여러 가지 프로그램을 만들어 보고 싶었다. 대학생이 되어 이제 교육과 기술이 결합한 '에듀테크EduTech'에 관심을 두고 가상현실 기반 교육용 소프트웨어를 개발하는 벤처기업 창업을 최종 목표로 삼고 있다.

지금까지 잡'채정아'를 만들기 위해 필요한 세 가지 재료에 대해 알아보았다. 잡'채정아'를 완성하려면 이 세 가지 재료가 균형 있게 버무려지면 된다. 일반적인 잡채를 만들 때 당면 하나만 있다면 아무런 맛이 나지 않는다. 여러 채소들과 양념을 가미해 주어야 비로소 잡채의 본연의 맛이 난다. 잡'채정아'도 마찬가지이다. '축구', '리더', '컴퓨터'와 같은 재료들이 존재함으로써 완벽한 잡'채정아'를 만들어 낼 수 있다. 재료는 시간이 지나면서 조금씩 더 추가될 것이다. 대학교를 졸업했을 때 잡'채정아'의 레시피는 지금보다 조금 더 발전해 있을 것이다.

### (3) '자기소개' 발표하기

자기소개 발표는 자기PR의 기회다. 상대에게 자신을 알리고 적극적으로 표현하는 장이다. 자기소개 발표는 보통 시간이 길지 않다. 그런 점에서 짧은 시간에 인상적으로 자신을 보여줄 수 있어야 한다. 자기소개서를 아무리 잘 썼어도 상대에게 호감을 주지 못하면 실패한 자기소개가 된다. 자기소개의 내용만이 아니라 발표상황을 고려하여 효과적으로 자신을 표현하고 전달할 수 있어야 한다.

자기소개를 잘 하려면 좋은 내용을 좋은 형식에 담아내는 발표 태도가 중요하다. 자기소개를 듣는 청자와 자연스럽게 대화하듯이 편안하게 발표해야 한다. 상대에게 어필할 수 있는 내용을 중심으로 말하되 구체적으로 설득력 있게 이야기해야 한다. 무엇보다 자기소개는 있는 그대로 정직하고 자신을 보여주는 것이 중요하다. 천편일률적인 방식으로 자기소개를 할 경우 너무나 평범해서 상대방의 기억에 남지 않는 발표가 된다. 다른 사람에게서 느낄 수 없는 자신만의 매력이 드러날 수 있도록 인상 깊은 발표가 되도록 해야 한다.

공적말하기 상황이기에 자기소개도 언어적, 음성언어적, 비언어적 요소를 고려해야 한다. 비속어나 유행어, 어법에 맞지 않는 말은 사용하지 않아야 한다. 자신이 꼭 전하고 싶은 내용을 정확하고 명료한 발음으로 전달해야 한다. 또한 장황하게 자신의 이야기를 늘어놓지 않도록 유의해야 한다. 주어진 시간 안에 자기소개를 모두 할 수 있도록 소개하고 싶은 내용이 무엇인지 키워드를 중심으로 정리한다. 깊이 생각하지 않고 준비되지 못한 자기소개는 실수를 유발하게 되므로 자기소개 발표도 철저히 준비해야 한다.

자기소개를 하는 자리에서 자신을 멋지게 포장하여 전달해야 한다. 선물을 받을 때 내용 못지 않게 정성스런 포장도 중요한 것처럼, 발표할 때 몸을 움츠리지 말고 당당한 자세로 말한다. 자기소개를 할 때 가장 중요한 것은 자신에 대한 자신감과 겸손함이다. 완벽하게 자기 자신을 소개해야 한다는 부담 대신에 편안한 마음으로 최선을 다하는 모습을 보여주는 것이 좋다. 청중과 시선을 맞추며 미소 띤 표정으로 때때로 제스처를 활용하여 자연스럽게 자기소개를 하는 것이다.

자기소개를 하게 되는 발표 상황은 다양하다. 일상생활에서도 빈번하게 경험하는 것이 자기소개다. 공적인 자기소개 발표에서도 진정성은 기본이다. 발표내용은 기억하지 못해도 발표자의 분위기는 오래 남는다. 자기 자신에 관해 소개할 때 발표 상황에 따라 적절한 정보를 선택하고, 상대에게 어필할 수 있는 방법이 무엇인지를 궁리해 각인이 될 수 있는 발표를 할 필요가 있다. 초두효과primary effect를 고려하여 좋은 첫인상을 심어주거나 후광효과halo effect를 고려하여 여운을 주며 잘 마무리 되도록 자기소개 발표를 준비한다.

Tips

### 자기소개 발표시 호감지수 높이기

- 부드럽게 미소 짓는 연습을 한다. – 사람들은 상대를 볼 때 눈과 입매를 가장 먼저 본다. 자연스럽게 웃는 표정을 지으며 자기소개 발표를 한다.
- 때와 장소에 맞는 옷차림을 한다. – 지나친 화장이나 명품 치장, 혹은 상대를 전혀 신경 쓰지 않은 것처럼 보이는 무신경한 차림새 모두 호감을 떨어뜨린다. 깔끔하고 단정한 옷차림으로 자신의 매력을 표현한다.
- 같은 의미라도 부드럽게 표현한다. – 같은 말이라도 긍정적으로 표현하고 신뢰감을 주는 음성으로 명확하게 자신에 대한 메시지를 전달한다.
- 제스처나 발표 태도에 유의한다. – 허리를 펴고 반듯하게 발표하고 자기소개 내용 에 맞는 적절한 제스처를 활용하여 활기 있게 표현한다.
- 자신의 객관적인 인상을 파악하려고 노력한다. – 자신이 상대방에게 어떤 이미지를 주고 있는지 거만한 인상을 주지 않도록 유념하여 발표한다.

**Exercise** | 지금까지 자기소개를 했던 경험을 떠올려보고 계획한대로 자기소개를 잘 하지 못했다면 그 이유가 무엇이었는지 실패 원인을 분석해 보자.

**Exercise** | 아래 제시한 학생의 자기소개 발표용 원고 사례를 읽어보고 좋은 점을 찾아내 자신의 자기소개 발표용 원고에 적용해 보자.

안녕하세요? 저는 교육학부 OO학번 김OO입니다. 오늘 저는 여러분께 '3', '26', '99'라는 세 숫자를 통해 저를 소개하려고 합니다.

첫 번째 숫자 '3'은 제가 대학에 입학한 이래로 소속된 3개의 집단을 말합니다. 저는 OO학부 1학년 부대표를 맡아 '과학생회'에서 활동하고 있습니다. 지난 5월의 OO 축제 때는 '축제기획단'에 소속되어 다양한 세부 프로그램을 기획하고 진행하였습니다. 이것이 계기가 되어 현재는 제51대 총학생회 '오늘'의 재정 사무국원으로 함께 활동하고 있습니다. 제가 자발적으로 들어가 활동하고 있는 3개의 집단 모두 더 나은 학교생활을 위해 끊임없이 움직이는 저를 보여주는 공통점이 있습니다. 저는 과학생회, 축제기획단, 총학생회 3개 집단에서 새로운 일을 기획하며 보람 있게 대학생활을 하고 있습니다. 제가 준비한 것이 세상으로 나와 많은 사람들에 의해 쓰임 받을 때 가장 보람을 느낍니다.

두 번째 숫자는 '26'입니다. 제가 이번 학기에 듣고 있는 수업의 총 학점이 26학점입니다. 저는 학생에게 진정으로 공감할 줄 아는 교사가 되는 것이 장래 희망이자 꿈입니다. 전공으로 교육학부를 선택한 것도, 다양한 경험들에 도전하는 이유도 멋진 교사가 되고 싶기 때문입니다. 그런 노력 중에 하나가 가능한 여러 분야의 수업을 들으면서 다양한 교수님들께 많이 배우려는 것입니다. 교육학 전공 과목에 대한 전문지식만이 아니라 교양분야도 탄탄한 이해를 지닌 폭넓은 견해를 가진 교사로 성장하고 싶습니다. 그래서 다들 대부분 한 학기에 18학점을 듣는데 저는 욕심을 내서 이번 학기에 26학점을 신청해 열심히 공부하고 있습니다.

세 번째 숫자는 '99'입니다. 제 휴대폰에 있는 연락처 숫자입니다. 대학에 들어와 반년동안 연락처를 주고받은 사람의 숫자가 99명이었습니다. 저는 이번 학기 이 수업을 통해 새롭게 만난 교수님, 그리고 여러분들과 100번째 소중한 인연을 만들어가고 싶습니다. 사람을 통해 배우고 사람들 속에서 행복한 사람이 바로 저입니다.

지금까지 3, 26, 99의 숫자로 저를 소개했습니다. 발표를 경청해 주셔서 감사합니다.

**Exercise** | 자기소개 발표를 2분 동안 실시한 후에 발표 평가서에 근거하여 어떤 점을 잘 했고 아쉬운 점은 무엇인지 조원들과 구체적인 피드백을 나누어 보자.

**Tips**

### 자기소개 발표를 할 때 유의점

- 자기소개서와 똑같은 자기소개를 하지 않는다.

  자기소개서에 쓰인 내용과 토씨 하나 다르지 않고 똑같이 발표한다면 신선함이 떨어진다. 자기소개서는 문어체이기에 자기소개 발표에 그대로 사용하는 것은 어색한 느낌을 준다. 자기소개 발표를 위해서는 내용을 재구성하고 자연스러운 입말로 표현해야 한다.

- 자기소개서와 상반된 내용은 언급하지 않는다.

  이력서와 자기소개서에 나와 있는 내용은 모두 정확해야 하고 연관성이 있어야 한다. 자기소개서에 없는 내용을 즉흥적으로 자기소개 상황에서 말하다 보면 장황스러울 수 있다. 자기소개서와 전혀 다르게 말할 경우 신뢰감에 마이너스 요인이 된다. 구체적인 상황을 부연해주는 방식으로 자기소개서 내용을 중심으로 발표해야 한다.

## 자기소개 발표 평가표

| 범주 | 평가 항목 | 평가 척도 | 평가등급 |
|---|---|---|---|
| 비언어적<br>측면 | · 옷차림이 전체적으로 단정하였나?<br>· 시작과 마무리에서 인사를 제대로 하였나?<br>· 말하는 태도가 반듯하였나?<br>· 제스처를 효과적으로 사용하였나?<br>· 시선이 청중을 골고루 바라보았나? | + −<br>☐ ☐<br>☐ ☐<br>☐ ☐<br>☐ ☐<br>☐ ☐ | A B C D E |
| 언어적<br>측면 | · 용어와 어휘가 적절하였나?<br>· 간결하고 명확하게 표현하였나?<br>· 의도하는 메시지가 분명하고 설득력이 있었나?<br>· 내용 구성이 논리적이고 체계적이었나?<br>· 목소리가 크고 발음이 명료하였나? | + −<br>☐ ☐<br>☐ ☐<br>☐ ☐<br>☐ ☐<br>☐ ☐ | A B C D E |
| 전체<br>분위기 | · 발표 전보다 호감을 느끼게 하였나?<br>· 적극적인 태도를 보여주었나?<br>· 발표자의 패기와 활력이 느껴졌나?<br>· 자기 생각을 충분히 잘 전달하였나?<br>· 인간적인 매력을 전달해 주었나? | + −<br>☐ ☐<br>☐ ☐<br>☐ ☐<br>☐ ☐<br>☐ ☐ | A B C D E |
| 잘한 점 : | | 종합평가 | A B C D E |
| 아쉬운 점 : | | 비고 | |

## 2) 프레젠테이션

프레젠테이션presentation은 발표 전체를 포괄하는 말이지만 주로 정보전달형 발표를 일컫는다. 학생들이 수업시간에 ppt를 활용한 발표, 기업에서 진행되는 제안서 발표, 신제품 설명회 무대를 떠올리게 된다. 이는 프레젠테이션이 주로 시청각 매체를 활용하여 이루어지고 있기 때문이다. 이에 정보전달형 발표로 프레젠테이션의 의미를 제한하여 사용하기로 한다. 프레젠테이션은 청중이 잘 모르는 새로운 정보나 지식을 전달하기 위해 비주얼적인 매체를 활용하여 진행되는 공적 말하기를 의미한다. 따라서 청중의 필요를 파악하여 도움이 되는 정보와 자료를 수집하고 체계적으로 정리해서 전달하는데 발표의 목적이 있다.

프레젠테이션(PT)은 파워포인트(ppt)가 아니다. 파워포인트는 발표 도구를 말하는 것이다. 스토리텔링 방식으로 프레젠테이션 내용을 전달할 경우 프레지prezi라는 도구를 사용하기도 한다. 파워포인트와 프레지는 청중의 이해를 돕기 위해 활용하는 프로그램이다. 이처럼 프레젠테이션은 컴퓨터나 기타 멀티미디어 매체를 활용하여 효과적으로 청중에게 새로운 지식과 정보를 전달하려는 말하기다. 발표내용을 효과적으로 전달하기 위해 프레젠테이션은 프레젠터와 프레젠티 사이에 정보의 질에 주목한다. 발표 과정을 통해 새로운 지식과 정보를 청중에게 전달하는 것이 프레젠테이션의 목적이기 때문이다.

## (1) 프레젠테이션 단계

프레젠테이션을 성공적으로 하기 위해서는 앞서 발표의 원리에서 살펴본 것처럼 단계적인 접근이 요구된다. 첫째 무엇을 전달할 것인지 기획해야 한다. 둘째 전달할 내용을 어떻게 구성할 것인가를 결정해야 한다. 관련 자료를 수집하고 발표문을 만들고 슬라이드를 만드는 단계가 여기에 해당한다. 셋째 구체적인 발표 상황을 고려하여 어떻게 전달할 것인가를 결정해야 한다. 보다 효과적인 시청각 매체를 체크하고 프레젠테이션을 해야 되는 장소나 시설을 점검해 봐야 한다. 프레젠테이션은 주로 매체나 발표 도구를 활용하기 때문에 준비단계와 실시단계에서 이에 대한 고려가 포함되어야 한다. 이러한 단계를 거쳐 실제 발표를 하고 평가를 받게 된다.

〈프레젠테이션 단계〉

| 단계 | 특징 | 내용 | 방법 | 비고 |
|---|---|---|---|---|
| I.<br>기획<br>단계 | 아이디어구상,<br>발표목적에 따라<br>유형 설정 | 발표 방향을 결정하고 주제선정,<br>발표목적을 명확하게 제시, 정보<br>수집, 자료분석, 목차설정 | 발표지침, 요구사항 등<br>발표의 전제조건 및,<br>청중분석 | |
| II.<br>준비<br>단계 | 자료수집,<br>발표내용준비,<br>시청각 자료 | 자료수집 및 분석, 정리<br>효과적인 전달 매체 선정,<br>발표 원고 작성,<br>ppt나 prezi 제작, 리허설 | 장소확인, 좌석 배치,<br>기자재 준비 및 체크 | |

| III.<br>실시<br>단계 | 발표 실행<br>현장 발표 | 발표시 시선처리, 복장점검,<br>발표 후 질의응답, 청중과의<br>상호작용 및 유사시 대응전략 | 시간관리,시선관리,<br>청중참여기회 제공 | |
|---|---|---|---|---|
| IV.<br>평가<br>단계 | 모니터링,<br>피드백, 코칭 | 자체평가, 동료평가 및 피드백,<br>장단점 분석 후 개선안 도출 | 평가지, 설문지를 통해<br>청중 의견 수렴 | |

**Exercise** | 정보전달형 프레젠테이션을 잘 하기 위해 특히 유의해야 할 점들을 단계별로 생각해보고, 'PRESENTATION'의 이니셜을 따라 빈 칸에 '프레젠테이션 12가지 법칙'을 만들어 보자.

| 이니셜 | 영어단어 | 중요한 이유 | 적용 방법 |
|---|---|---|---|
| P | Purpose | 발표의 '목적'을 명확히 설정하는 것이 중요하다 | 목차를 제시하여 발표의 목적과 전체 흐름을 보여준다 |
| R | | | |
| E | | | |
| S | | | |
| E | | | |
| N | | | |
| T | | | |
| A | | | |
| T | | | |
| I | | | |
| O | | | |
| N | | | |

**Exercise** | 다음의 학생 글을 읽어보고 프레젠테이션을 하는데 도움이 될 수 있는 세가지 법칙을 조별로 만들어보고 이를 발표해 보자.

## "3P의 법칙을 유념하라"

세상을 살아가면서 많은 사람들 앞에서 말을 해야 하는 순간들이 적지 않다. 강의실 에서의 발표부터 면접관들 앞에서 자기소개를 하거나 대중들 앞에서 연설을 해야 되는 상황에 이르기까지 다양한 공적 말하기가 존재한다. 그 때마다 어떻게 하면 발표를 잘 할 수 있을까 고민하게 된다. 이 때 고려하면 좋을 말하기의 **3P**법칙을 소개하고자 한다.

첫째, '**Public**', 청중을 고려하라. 말하기는 그 말을 듣는 청중이 존재한다. 어떤 사람들 앞에서 말을 하는지 고려해야 한다. 어떤 상황에 놓인 청중인지 살펴보아야 한다. 예를 들어 어느 기업의 임원 면접을 하는 경우 진중한 태도로 자신을 소개하고 발표할 것이다. 반면에 초등학교 학생들에게 발표하는 경우 아이들이 이해하기 쉬운 말로 발표가 지루하지 않게 농담을 섞어가며 발표하게 될 것이다. 이처럼 말하기는 청중중심적이어야 한다. 청중이 누구인가에 따라 발표내용, 사용하는 언어, 태도나 복장이 달라져야 한다.

둘째, 'Persuade', 설득하라. 발표는 자신의 의견을 상대에게 일방적으로 주장하는 것이 아니다. 상대가 이해하고 납득하고 공감하도록 하는 설득하는 과정이다. 말을 할 때에는 충분한 근거와 구체적인 사례를 드는 것이 중요하다. 예를 들어 노희찬 의원의 연설에 등장하는 '새벽 4시에 출발하는 6411번 버스'를 타 본 이가 몇 명이나 되겠는가? 그럼에도 불구하고 연설이 청중들에게 깊은 영감을 주었던 것은 그 버스의 풍경과 상황, 타고 있는 사람이 어떠한 사람인지에 대해 충분히 설명한 덕분이다. 이처럼 풍부한 사례와 근거를 통해 자신의 이야기를 전달하는 것이 중요하다.

셋째, 'Prepare', 준비하라. 충분한 연습과 시뮬레이션이 중요하다. 많은 사람들 앞에서 말을 할 때에는 준비과정이 무엇보다 필요하다. 스티브 잡스의 아이폰 발표는 많은 청중들을 매료시키기에 충분했다. 그 발표는 한 두 번의 연습으로 만들어진 것이 아니었다. ppt의 페이지가 넘어가는 타이밍과 적절한 제스처, 말의 속도, 걸음걸이 등 그 모든 것이 다 잘 짜인 각본이자 퍼포먼스였다. 스티브 잡스는 농담을 했을 때 청중이 웃는 시간까지 고려해 치밀하게 준비하였다고 한다. 이처럼 실전처럼 연습하고 준비하는 것이 중요하다.

'Public', 'Persuade', 'Prepare' 이 세 가지 P를 고려한다면 좋은 말하기를 할 수 있다. 말하기는 위대한 사람들만 하는 것이 아니다. 누구나 할 수 있고 잘 할 수 있다. 공적 말하기에 대한 기본적인 이해와 많은 발표의 경험들이 좋은 말하기로 이끄는 길잡이가 되어줄 것이다. '3P 법칙'이 그 길에 있다.

### (2) 프레젠테이션 단계별 지침

#### ① 기획단계

**가. 발표 주제 선정** – 프레젠테이션은 주제를 선정하는 것에서 시작된다. 주제만 잘 잡아도 절반은 성공이다. 주제를 외부에서 제시해 주는 경우 의도를 정확하게 파악하여 그 방향에 맞추어 프레젠테이션을 준비해야 한다. 주제 분석을 하면서 자신이 가장 잘 할 수 있고 관심 있는 쪽으로 범위를 좁히고 구체화한다. 발표자 스스로 주제를 결정하는 경우라면 평소 흥미를 갖고 있었던 주제들 중에서 발표 상황과 청중의 니즈를 고려하여 주제를 압축하는 것이 좋다. 주어진 시간 내에 다루기에 적절한 주제를 선정해야 한다. 너무 범위가 넓고 큰 주제를 다루게 되면 내용이 장황해지게 된다. 주제를 잘못 선정할 경우 발표를 준비하는 과정이 힘들고 실제 발표 효과를 기대하기도 어렵다. 주제가 확정되면 프레젠테이션에서 전하고자 하는 핵심 메시지를 개발한다. 발표에서 자신이 강조하고자 하는 주제를 명확히 하고 그 다음 단계로 나아간다.

**나. 화제 수집** – 주제를 잡고 나서는 발표 내용을 풍성하게 하는 화제들을 수집해야 한다. 화제는 주제를 구체적으로 풀어내는 말하기 거리를 의미한다. 화제 선정은 프레젠테이션 내용과 범위를 정하는데 있어 중요

하다. 화제를 수집할 때에는 다양한 각도에서 생각해 봐야 한다. 주제에 적합한지, 청중과 상황에 적절한지, 발표자의 능력에 부합하는지 등을 점검하고 흥미롭게 내용을 풀어갈 수 있도록 다양한 화제들을 수집한다. 화제는 무엇보다 청중의 관심을 이끌어 낼 수 있을 만한 가치와 유익함이 있어야 한다. 화제가 청중의 경험과 연결고리가 있다면 더 효과적이다. 또 새롭게 다시 살펴볼 수 있는 참신함이 있어야 좋은 화제다.

화제를 수집할 때는 먼저 자신이 잘 알고 있는 화제를 선택하는 방법이 있다. 자신이 경험했던 것 가운데 흔하지 않은 경험, 자신만이 알고 있는 특별한 정보, 자신이 갖고 있는 전문 지식과 정보를 발표 주제를 연결해 보는 것이다. 또는 영화나 텔레비전 프로그램, 신문, 잡지, 인터넷에서 본 것들을 중심으로 화제를 찾아 볼 수 있다. 평소의 다양한 활동과 경험을 기록해두면 프레젠테이션 주제와 관련해 풍성한 화제를 모을 수 있다.

**Exercise** | 조별로 발표 실습을 준비할 때 어떤 주제를 설정할 것인지 얘기를 나눠 보고, 주제를 흥미롭게 풀어가기 위해 어떤 화제가 적절할지 논의해 보자.

### ② 준비단계

**가. 개요 짜기** – 개요는 프레젠테이션의 얼개를 짜는 일이다. 효과적인 프레젠테이션을 위해 적절한 순서로 내용을 구성하면서 핵심 메시지를 어떻게 풀어갈지 세부요점을 정리하는 작업이다. 개략적인 형식을 통해 전체 흐름을 보여주는 것이다. 개요를 짜면서 논리적으로 자료들이 잘 배열되었는지, 불필요한 내용은 없는지 가늠해 볼 수 있다. 개요를 잘 짜면 미리 어떤 내용을 어떻게 풀어갈 것인지, 자료를 어떻게 배치하는 게 좋은지, 더 필요한 자료는 없는지 알 수 있기에 동일한 내용이 반복되지 않는다. 개요짜기를 통해 발표문의 논리성과 통일성을 갖추게 된다.

개요를 작성할 때는 먼저 핵심 메시지를 명확히 하는 것이 중요하다. 이어 하위 체계로 메시지를 뒷받침 해주는 보조요점을 배치해 가는 방식으로 구성한다. 개요는 목차식, 문장식 형태로 이루어진다. 목차식 개요는 책의 목차처럼 전체 얼개를 키워드나 화제로 표현하는 방식이다. 문장식 개요는 각 항목의 주요 내용을 완전한 문장의 형태로 구체화 한 것이다. 문장식 개요는 전체 글의 내용을 압축적으로 정리한 것이기에 발표문을 작성할 때 요긴하게 활용될 수 있다. 개요를 짤 때는 대항목 · 중항목 · 소항목의 수준을 고려하고 각 항목별로 균형을 맞추어 세부 내용을 배치한다. 청중의 이해를 돕기 위해 논리적 구성을 염두에 두고 개요를 짜야 한다.

**나. 자료 조사** – 프레젠테이션의 질은 정보에 있다. 좋은 발표는 최신 정보와 다양한 자료에 기반한다. 주제를 뒷받침하는 자료를 충분히 조사하여 알차게 내용을 구성해야 한다. 공신력 있는 자료를 수집하고 활용하는 것이 중요하다. 프레젠테이션은 특정 주제에 대해 필요한 자료를 수집하여 청중에게 알기 쉽게 정리해 전달하는 것이기에 제한된 준비시간에 주제를 뒷받침하는 정보가 어디에 있는지 효율적으로 찾아내는 노웨어Know-where가 중요하다.

충실한 발표를 위해서는 심층적인 자료 조사가 필수적이다. 참고할 자료가 많은 것이 좋다. 그러나 보다 중요한 것은 발표 주제에 적합한 자료를 확보하는 일이다. 주제와 관련한 국내외 자료를 조사하여 보편성과 대표성이 있는 자료로 발표 내용을 구성해야 설득력이 있다. 자료조사의 범위는 넓다. 프레젠테이션을 준비하기 위해 자료조사를 하는 것은 글을 쓰기 위해 자료를 찾는 것과 유사하다. 주제를 뒷받침하는 구체적인 근거와 사실자료들을 수집해야 하고 적절한 통계 자료는 신뢰성을 높인다.

찾은 자료들은 프레젠테이션 개요에 맞추어 배치되고 재구성된다. 자료의 가치를 평가하고 범주별로 항목별로 표시해 구분해 두는 것이 필요하다. 해당 파일을 만들고 폴더에 체계적으로 정리해 두어야 쉽게 활용될 수 있다. 정보전달형 발표의 경우는 자료의 객관성과 신뢰성이 무엇보다 중요하기에 신중하게 평가하고 개요를 고려하여 적절한 것을 우선적으로 사용하도록 한다.

**Exercise** | 조별로 선택한 발표 주제에 따라 조사한 자료들을 정리하여 보다 짜임새 있게 내용이 구성되도록 개요를 작성해 보자.

| 발표주제 | | |
|---|---|---|
| 화제 | | |
| 개 요 | I. 서론 | |
| | II. 본론1 | |
| | III. 본론2 | |
| | IV. 본론3 | |
| | V. 결론 | |

**다. 발표문 작성** - 개요가 마련되고 자료가 충분하면 프레젠테이션 발표문 쓰기로 들어간다. 발표문은 '말'로 쓰는 글이다. 발표하는 것을 전제로 쓰여 지는 '글'이기에 자연스런 입말 형태로 발표문을 작성해야 한다. 글쓰기의 원리를 적용하여 발표내용을 글쓰기로 정리해 보면 보다 체계적인 발표를 할 수 있다. 성공적인 발표를 위해서는 발표문 작성에 충분한 시간을 들여야 한다. 발표문은 3부 구성을 염두에 두고 설득력있게 작성한다.

프레젠테이션을 여는 머리말은 청중이 발표에 흥미를 갖도록 유도하는 역할을 한다. 발표자에 대해 호감을 갖고 긍정적인 분위기에서 프레젠테이션이 진행되도록 문을 열어주어야 한다. 어떤 주제로 무엇을 말하고자 하는지 청중에게 주제의 중요성을 인식시키며 발표의 전체 그림을 잡을 수 있도록 해야 한다. 따라서 구구절절 장황하게 도입부를 시작하는 것은 좋지 않다. 청중을 발표에 초대하고 발표 주제를 소개하면서 발표 분위기를 조성하는 일에 충실해야 한다.

본문은 발표의 핵심 부분이다. 주제를 구체적으로 설명하는 부분으로 프레젠테이션에서 가장 많은 비중을 차지한다. 프레젠테이션은 주제와 관련한 정보와 자료가 내용의 중심이기 때문에 1:3:1의 비율로 본문의 비중이 도입부와 종결부의 3배가 되어야 한다. 단순히 자료를 모아놓은 것이 아니라 청중이 이해하기 쉽도록 논리적으로 내용을 조직해야 한다. 주제를 효과적으로 전개할 수 있는 적합한 방식을 선택하여 본문을 구성한다.

맺음말은 이제까지의 발표 내용을 요약 정리하는 역할을 한다. 자연스럽게 프레젠테이션이 연착륙 할 수 있도록 전체 내용을 요약하고 재정리하는 것이다. 청중의 기억 속에 발표 메시지를 남기도록 여운을 주는 맺음말이 필요하다. 맺음말이 너무 길어지면 청중이 지루해 하므로 산뜻하게 마무리를 할 수 있어야 한다.

**Exercise** | 3부 구성의 원리를 적용하여 어떻게 발표문을 써야 할지 조별로 다양한 아이디어를 공유하면서 발표문을 직접 작성해 보자.

| 구성 | 내용 및 방법 | 발표문 적용 |
|---|---|---|
| 머리말 | · 인사 및 자기소개, 긍정적인 발표 분위기 형성<br>· 주제 배경, 필요성 환기<br>· 목차제시, 전체 흐름 예고 | |
| 본문 | · 본문을 효과적으로 구성하는 원리를 적용하여<br>· 메시지와 다양한 자료 및 사례를 적절히 배치 | |
| 맺음말 | · 핵심 요약 정리, 인상 깊게 발표 마무리<br>· 청중의 질문 받기, 감사 인사 | |

**라. 프레젠테이션 도구 준비** – 정보전달형 프레젠테이션은 시청각 매체를 활용하는 발표다. 대부분의 정보가 시각을 통해 전달되기에 내용을 심화시켜주는 동영상이나 그래픽 등 비주얼 매체를 주로 활용한다. 문자 텍스트 보다 시청각자료를 활용하는 것이 내용을 이해하거나 기억하는데 효과적이다. 따라서 정보를 도표, 차트, 그래픽, 그림 등의 다양한 형태로 가공하여 시각화하는 것이 필요하다.

요즘은 프레젠테이션에 파워포인트powerpoint나 프레지prezi 등을 주로 활용한다. 프레젠테이션 내용을 입체적으로 전달할 수 있어 효과적인 도구라 할 수 있다. 시청각 매체로서 파워포인트나 프레지는 다양한 텍스트를 활용할 수 있는 장점이 있다. 그림, 사진, 그래프, 도표, 만화, 애니메이션, 영상 등 모든 텍스트를 담아낼 수 있어 관련 내용을 전달하는데 유용성이 높다. 발표내용에 충실하면서도 알아보기 쉽게 정리할 수 있는 이점이 있다.

발표도구가 발표자를 압도해서는 안된다. 발표의 중심은 발표자다. 시청각 도구는 발표의 효율성을 높이기 위한 보조적 측면이기에 발표자보다 주가 되서는 안 된다. 또한 시청각 자료와 매체의 사용은 발표자의 긴장감을 덜어주는데 도움이 되어야 한다. 발표자가 활용하려는 매체에 익숙하지 않은 경우 발표의 흐름을 깨뜨릴 수 있다. 기기가 이상 없이 작동하는지 준비된 기자재를 능숙하게 다룰 수 있는지 점검이 필요하다. 또한 청중이 읽어야만 하는 자료가 되어서는 안된다. 대강 보아도 이해가 되는 방식으로 내용이 구성되어야 한다. 따라서 파워포인트의 각 슬라이드가 간결하게 핵심만 전달해야 한다. 슬라이드는 발표내용을 얼마나 직관적이고 명쾌하게 보여주는지가 중요하다. 각 발표 도구마다 장단점이 있으므로 실제 프레젠테이션을 위해 발표에 도움이 되는 것을 선택하여 활용한다.

Tips

**슬라이드 제작시 유의점**

- 슬라이드 한 장에 하나의 메시지만 담는다.
- 문장은 간결하게 표현하고 마침표를 찍지 않는다.
- 제목과 내용은 활자크기나 색상을 통해 구별한다.
- 한 슬라이드는 6줄 내외, 한 줄은 6단어 이내로 작성한다.
- 한 슬라이드에 사진, 그림, 도표는 3개 이상 담지 않는다.
- 통일성을 주는 구조와 일관성 있는 디자인으로 표현한다.
- 슬라이드는 최대한 단순하게, 시각적 여유를 준다.

**Exercise** | 정보전달형 프레젠테이션 형태로 발표를 준비하는 경우 발표도구의 장단점들을 살펴보면서 어떤 도구를 활용하는 것이 내용을 잘 전달할 수 있을지 의논해 보자.

| 발표도구 및 매체 | 장 점 | 단 점 |
|---|---|---|
| 파워포인트 / 프레지 | 정보전달에 용이한 다양한 텍스트적용 가능, 명쾌하게 정리된 내용 전달 가능 | |
| 화이트보드 | | 수시로 판서 내용을 지우는 불편함<br>발표자의 글자체가 좋지 않을 경우 |
| 동영상 자료 | 발표자에게 자유 시간 제공<br>직접적인 동기유발에 효과적 | 직접 자료를 제작, 편집할 경우 시간과 비용 부담이 크다 |
| 유인물 자료 | | |
| 인터넷사이트 | | |

### ③ 실시단계

**가. 발표 리허설** – 프레젠이션의 성패는 사람이다. 충분한 연습만이 성공하는 프레젠테이션을 만든다. 실전 무대에서 발표를 잘 하려면 여러 차례 예행연습을 해야 한다. 열심히 준비하고 충분히 연습했다면 발표 불안증 보다는 기분 좋은 긴장감이 생긴다. 예행연습은 발표 당일과 유사한 상황에서 시간을 재가며 하는 리허설을 의미한다. 실제 발표할 때 활용할 컴퓨터, 빔 프로젝트, 리모콘, 레이저 포인터 등이 준비된 상황에서, 음향시설과 무대 상황도 체크하면서 발표 상황에 익숙해지도록 하려는 것이다.

예행연습을 할 때 제3자에게 피드백을 받으면 교정할 수 있는 기회가 있어 실제 발표에도 도움이 된다. 가능하면 객관적인 의견을 줄 수 있는 사람과 함께 연습을 한다. 발표 시뮬레이션을 통해 어느 점이 미흡한지 객관적으로 파악할 수 있기에, 실제 발표하는 것과 똑같이 처음부터 끝까지 예행연습을 한다. 이를 통해 주어진 시간 내에 발표를 마치기 위해 어느 부분을 건너뛰고 생략해도 좋을지, 전체 흐름상 어색한 부분은 없는지를 종합적으로 파악할 수 있다. 연습과정을 녹화하여 셀프 모니터링을 통해 스스로 부족한 부분을 발견하고 고쳐가는 기회로 삼아도 좋다.

**나. 프레젠테이션 실행** – 실제 발표를 하는 단계에서는 시간 관리와 청중 관리가 중요하다. 프레젠테이션이 성공하려면 발표를 시작하기 전 여유 있게 준비할 수 있는 시간이 있어야 한다. 시설과 장비 등을 사전에 살펴보고 점검해야 한다. 발표를 시작할 때는 가벼운 농담이나 일화를 활용하여 청중을 초장에 휘어잡아야 한다. 전체적인 내용의 흐름을 고려하여 적절하게 시간을 안배해야 한다. 정시에 시작하고 제시간에 발표를 끝내는 것이 좋다. 아무리 유익한 내용이라고 해도 예상 시간을 초과할 경우 청중의 집중력이 떨어지기 때문이다. 발표 상황에 맞추어 시간 구성을 유연하게 하는 순발력도 필요하다. 청중의 분위기를 고려하여 적절한 타이밍에 신선한 화제를 제공하면서 리듬감 있게 발표를 진행해야 한다.

실제 발표는 청중과 발표자가 상호작용하는 실전이다. 발표를 시작할 때 청중을 골고루 바라보면서 목차를 간략하게 제시하고 3개 정도

키포인트를 정리하여 발표 내용을 각인시킨다. 청중에게 정보나 지식을 전달하여 이해하게 만드는 게 프레젠테이션의 목적이므로 청중과의 질의응답도 발표의 일부분이다. 청중의 질문내용을 정확하게 파악하여 동문서답이 되지 않도록 하고, 대규모 프레젠테이션의 경우는 발표가 모두 끝난 뒤에 질의응답 시간을 따로 갖는 것이 좋다.

발표의 성공 여부는 무대의 막이 오르는 순간부터 결정된다. 너무 완벽하게 발표하려고 애쓰지 말고 핵심만 놓치지 말고 전달하면 충분하다는 마음으로 자연스럽게 임한다. 발표 중간에 지루할 수 있는 부분은 동영상으로 처리하거나 청중의 참여를 유도하는 시간으로 운영하는 것도 좋다. 청중에게 알찬 프레젠테이션이었다는 인상을 주려면 시간을 체계적으로 관리하는 일과 청중과 지속적으로 소통하는 일에 주력해야 한다.

**Exercise** | 스티브 잡스가 아이패드 신제품을 소개하는 프레젠테이션 동영상을 유튜브에서 찾아보고, 그가 왜 '프레젠테이션 달인'으로 불리우고 있는지 분석해 보자.

Tips

**발표를 잘 하기 위한 기본 테크닉**

- 오디오, 비디오 시스템을 활용하라. – 자신이 발표하는 모습을 촬영하여 자세나 습관적인 말투 등을 모니터링하면서 교정한다.
- 자신만의 제스처를 계발하라. – 손은 제2의 입이다. 적절한 제스처는 청중을 집중시키고 메시지를 효과적으로 전달하는데 도움이 된다.
- 강조를 해야 할 부분에는 목소리에 힘을 줘라. – 발표 중간 중간에 중요한 키워드나 핵심 문장에서 목소리 톤을 잘 활용하여 인상 깊게 전달한다.
- 풍부한 사례를 인용하라. – 호소력 있는 발표를 위해서는 구체적인 상황에 맞는 일상 속의 사례들을 풍부하게 인용하는 것이 좋다. 주변에서 일어나는 일에 관심을 갖고 메모하고 기록해 둔다.
- 기억에 남을 표현을 하라. – 책이나 영화를 보면서 인상적인 멘트를 기억해 두었다가 발표의 시작이나 끝부분에 재활용하면 재치 있고 인상적인 발표가 될 수 있다.
- 큐카드를 활용하라. – TV프로그램의 진행자들처럼 손바닥만한 큐카드를 활용한다. 발표의 흐름을 잡아주는 키워드나 주요 문장을 적어 적절히 참고하는 것이다.
- 실수를 했을 때 유연하게 대처하라. – 충분한 준비와 연습을 통해 '실수제로'를 목표로 해야겠지만, 혹시라도 발표 중에 실수를 할 경우 솔직하게 말하고 재치 있게 임기 응변으로 대처하는 것도 중요하다.

### ④ 평가단계

프레젠테이션은 충실한 정보전달을 바탕으로 설득력을 확보하는 말하기다. 성공한 프레젠테이션과 실패한 프레젠테이션을 가르는 기준은 청중의 평가에 달려 있다. 청중의 니즈를 충족하고 활발하게 상호작용이 이루어졌다면 성공한 발표라고 할 수 있다. 프레젠테이션 효과를 측정하기 위해서는 기본적인 평가항목을 고려해야 한다. 발표 주제를 풀어가는 화제가 참신한지, 발표 내용이 충실하고 정보가 충분한지, 세부요점이 논리적으로 잘 배열되었는지, 시청각 매체를 적절히 활용하여 청중의 이해를 도왔는지, 발표자가 올바른 언어와 태도를 갖고 전달했는지 등을 평가항목에 포함한다.

프레젠테이션은 발표자 혼자 만들어가는 것이 아니다. 청중이 함께 하는 쌍방향 의사소통이라는 점에서 발표내용 못지않게 전달력도 중요하다. 발표를 객관적으로 평가해 봄으로써 더 나은 발표를 준비할 수 있다. 이런 점에서 발표자 스스로 발표과정을 복기해 보는 자체 평가와 동료들의 평가와 피드백, 교수자의 코칭이 순서대로 이어지는 평가과정은 중요한 의미가 있다.

Tips

**실패하는 프레젠테이션은 이렇다**

- 발표자가 시선을 대부분 스크린에 두거나 원고를 보며 읽는다.
- 특정한 청중 한 사람만 계속 바라보면서 발표한다.
- 일정한 목소리 톤으로 아무런 변화 없이 지루하게 발표한다.
- 뒤에 앉은 청중에게는 들리지 않을 정도로 힘없는 음성으로 발표한다.
- 자꾸 시간이 없다는 말을 하면서 조급하게 발표한다.
- 다리를 계속 떨면서 건들거리는 자세로 발표한다.
- 발표 도중 머리카락을 만지작 거리거나 손을 가만히 두지 않는다.

| 평가자 | 소속(학번) 이름: |
|---|---|

| 발표자(조) | |
|---|---|
| 발표주제 | |
| 발표일시 | 년 월 일 |

5 매우 잘함　4 잘함　3 보통　2 부족함　1 매우 부족함

| 범주 | 평가항목 | 평가(점수) | 총평(잘한 점, 아쉬운 점) |
|---|---|---|---|
| 내용 | 주제가 참신하고 창의적이었나?<br>내용이 논리적으로 구성되었나?<br>내용이 일관성이 있고 확실하였나?<br>새로운 정보나 생각을 제시하였나? | 5 4 3 2 1 | |
| 언어적 측면 | 적합한 용어와 경어를 사용하였나?<br>시원스럽게 커다란 목소리로 발표하였나?<br>발음이 정확하게 명확하게 전달되었나?<br>말하는 속도가 적절하였나? | 5 4 3 2 1 | |
| 비언어적 측면 | 올바른 자세로 발표하였나?<br>청중을 바라보며 상호작용을 하였나?<br>적절한 제스처를 활용하였나?<br>시간활용과 공간활용은 잘 하였나? | 5 4 3 2 1 | |
| 시청각 도구 | 핵심내용을 ppt에 잘 정리하였나?<br>ppt 슬라이드가 간결하고 명료하였나?<br>시청각 텍스트를 적절하게 활용하였나?<br>비주얼 기기의 조작에 문제는 없었나? | 5 4 3 2 1 | |
| 총점 | | | |

### 3) 연설

연설은 자신의 의견과 생각을 주장하는 공적 말하기다. 고대 그리스부터 오늘날 까지 연설 능력은 정치인이나 리더의 중요한 역량 중의 하나로 평가 받는다. 그러나 특정 지위에 있는 사람들만 연설을 하는 것은 아니다. 총학생회장이나 학회장에 출마하면서 학과나 학회를 어떻게 이끌겠다고 말하는 것도 연설이고, 광장에서 시위를 하며 메시지를 전달하는 방법도 연설이다. 연설하는 사람의 주장과 열정이 담긴 말이기에 연설은 설득형 발표라고 할 수 있다. 연설은 청중 앞에서 자기의 생각을 말로 전달하며 청중의 신념이나 가치, 태도를 변화시키는데 목적을 두고 있다. 따라서 청중이 감동받고 설득될 수 있는 연설이 좋은 연설이다.

연설은 단지 말을 잘하는 데 있지 않다. 다른 사람의 마음을 움직이기 위해서는 연설자가 주는 신뢰와 호감이 영향을 미친다. 데일 카네기는 "효과적인 연설은 단지 몇 마디 말을 청중에게 하는 것이 아니라 개인의 인격을 나타내는 것"이라고 하였다. 연설에서는 발표 내용보다 발표자의 진정성이 더욱 중요하다. 연설자의 인간적인 매력과 호감, 설득력 있는 메시지가 청중들의 심리에 긍정적인 영향을 미친다. 이에 연설은 논리적 측면 못지않게 정서적 측면도 고려되어야 한다.

좋은 연설은 무엇보다 연설문이 좋다. 청중의 마음을 끝까지 사로잡는 이야기가 있다. 리처드 도위스는 좋은 연설문은 산만하지 않고 절제된 글이라고 하였다. 좋은 연설은 글만 읽어도 메시지가 명확하다. 연설문은 청중이 듣는 글이기에 한 번에 이해되도록 짜임새 있게 구성되어야 하고 생생하게 표현되어야 한다. 좋은 연설은 무엇을 왜 주장하는 지가 명료하고 연설문 자체에서 영감을 준다.

제대로 된 연설문은 질서정연한 생각의 결과물이다. 좋은 연설문은 간결하고 힘 있게 쓰여졌다. 메시지 자체로 분명한 힘이 있다. 예를 들어 "국민의, 국민에 의한, 국민을 위한 정부"라는 미국 링컨 대통령의 게티스버그 연설은 2분밖에 되지 않았지만 민주주의와 정부의 역할을 생각해 볼 때 제일 먼저 떠오르는 연설이 되었다. 또한 "우리는 끝까지 싸울 것입니다"라는 처칠의 연설이나 "나에게는 꿈이 있습니다"로 시작되는 마틴 루터 킹의 연설, 또한 "나는 베를린 시민입니다Ich bin ein Berliner"라는 케네디 대통령의 독일어로 표현된 연설은 역사 속에 살아있는 명연설들이다. 이처럼 짧고 강력한 문장은 청중의 집중을 이끌어 내는데 효과적이다. 청중과 호흡하는 연설이라면 눈으로 읽는 원고가 아니라 귀로 들리는 글이 되어야 한다. 따라서 입말 형태로 써야 자연스러운 연설이 된다.

**Exercise** | 다음에 제시한 미국 대통령 취임연설의 유명한 문구처럼, 한국의 대통령 연설 중에서 인상 깊었던 구절이나 수사적 표현들을 찾아 서로 얘기해 보자.

| 미국 대통령 | 10대 유명한 취임 연설 표현 | 년도 |
|---|---|---|
| 토머스 제퍼슨 | "모든 국가와의 평화와 교역, 정직한 우정은 누구와의 동맹도 혼란에 빠뜨리지 않을 것입니다" | 1801년 |
| 에이브러햄 링컨(1기) | "이 광활한 대지 위의 모든 전쟁터와 애국자의 무덤에서부터 모든 사람의 마음과 각 가정까지 뻗어 있는 신비한 기억의 선율은 언젠가 우리 본성에 깃든 더 선량한 천사의 손길이 다시 와 닿을 때 연방의 합창으로 울려 퍼질 것입니다." | 1861년 |
| 에이브러햄 링컨(2기) | "누구에게도 악의 없이 모두에게 자비의 마음을 가지고 신이 부여한 권리를 확고하게 추구하면서 우리에게 주어진 임무를 완수하고 국가의 상처를 치유하며, 전쟁에 참가해 목숨을 잃은 사람과 그의 아내와 자녀를 돌보고, 우리와 모든 국가 사이의 영구적인 평화를 이룩하고 이를 간직할 수 있도록 계속 노력해 갑시다" | 1865년 |
| 시어도어 루스벨트 | "우리는 평화를 원합니다. 그러나 그것은 정의의 평화이며 올바름의 평화입니다. 우리가 그것을 원하는 까닭은 그것이 옳다고 생각하고 우리가 두려워하지 않기 때문입니다." | 1905년 |
| 프랭클린 루스벨트 | "나의 확고한 믿음을 밝히고자 합니다. 우리가 두려워해야 할 것은 두려움 그 자체입니다. 후퇴를 전진으로 바꾸려는 데 필요한 노력을 무기력하게 하는 이름 없고 불합리하며 근거 없는 공포가 그것입니다." | 1933년 |
| 존 F. 케네디 | "미국 국민 여러분, 조국이 여러분을 위해 무엇을 할 수 있는지 묻지 말고 여러분이 조국을 위해 무엇을 할 수 있을지 물으십시오 세계 시민 여러분, 미국이 여러분을 위해 무엇을 할 수 있는지 묻지 말고, 우리가 함께 인류의 자유를 위해 무엇을 할 수 있을지 물으십시오." | 1961년 |
| 제럴드 포드 | "미국 국민 여러분, 우리의 긴 국가적 악몽은 끝났습니다." | 1974년 |
| 로널드 레이건 | "지금과 같은 위기 상황에서 정부는 우리의 문제를 풀 수 있는 해결책이 아니라 정부가 바로 문제입니다." | 1981년 |
| 빌 클린턴 | "미국의 선에 의해 치유될 수 없는 악은 없습니다." | 1993년 |
| 조지 W. 부시 | "우리의 세계에서 폭정을 종식시킨다는 구극적인 목표를 가지고, 모든 나라와 문화에서 민주화 운동과 제도의 성장을 추구하고 지원하는 것이 미국의 정책입니다." | 2005년 |

설득력 있는 연설문은 다음과 같은 요소를 포함하고 있다. 청중이 주제에 대해 관심attention을 갖도록 유도하고, 청중이 무엇을 필요로 하는 지 요구needs를 인식한다. 또한 연설자가 제시한 대안이 청중의 만족satisfaction을 얻어야 하고 연설을 따르게 되면 청중에게 이익이 있음을 제시visualization 해 주어야 한다. 이를 통해 궁극적으로 청중의 행동action에 변화를 유도하는 연설이 좋은 연설인 것이다. 따라서 연설을 준비할 때는 연설의 목적은 무엇인지, 청중은 누구이며 그들은 무엇을 원하는지, 자신이 말하려는 것에 자기 확신이 있는지 등을 점검해야 한다.

연설의 설득력을 높이기 위한 내용 구성의 단계는 다음과 같다. 1단계는 주제문을 한 문장으로 말하는 것이다. 분명하고 도전적인 목표를 제시하고 경구나 속담, 놀라운 통계, 유머를 활용하여 청중의 관심을 끄는 오프닝이어야 한다. 2단계는 오버뷰Overview로 앞으로 무엇을 말할 것인지 청중의 머릿속에 이정표를 그려주어야 한다, 3단계는 본론을 스토리텔링Storytelling 방식으로 구성한다. 3개의 작은 이야기를 제시하되 각각의 이야기가 주장–논거–예시로 연결되도록 하는 것이다. 4단계는 내용을 요약하고 정리하여 청중이 전체 주제를 다시 생각해보도록 한다. 5단계는 오프닝 멘트와 연결지어 끝맺음을 인상 깊게 하는 것이다. 청중의 기억에 오래 남을 수 있는 마음을 울리는 문장으로 마무리 하는 것이 중요하다.

공적 말하기인 연설은 궁극적으로 청중을 위한For the public 것이다. 연설자가 자신이 말하려는 주제에 대해 청중도 동일한 감정을 느낄 수 있도록 해야 설득에 성공할 수 있다. 즉 아리스토텔레스 수사학에서 언급한 에토스ethos, 로고스logos, 파토스pathos가 설득의 기본 수단이다. 연설을 하는 사람이 인간적인 신뢰감을 주고, 메시지를 논리적으로 전달하고, 청중의 감정과 정서에 영향을 미쳐야 명연설이 되는 것이다. 이를 위해서는 무엇보다 연설하는 '나'가 아니라 연설을 듣는 청중에 초점을 맞추어야 한다. 자신의 메시지가 청중에게도 가치가 있다는 점을 들려주며 공감을 형성해야 한다. 자신의 생각을 강요하고 청중을 들러리로 생각한다면 청중의 마음을 얻을 수 없다.

**Exercise** | 설득형 스피치인 '연설'을 잘 하기 위해 특히 유의해야 할 점을 생각해보고, 'SPEECH'의 이니셜을 따라 적절한 영어 단어를 찾아 빈 칸에 정리해보자.

| 이니셜 | 영어단어 | 연설과 관련해 왜 중요한가? |
|---|---|---|
| S | Specific | 자신의 '구체적'인 경험과 사례를 들어 연설 내용을 구성하라 |
| P | | |
| E | | |
| E | | |
| C | | |
| H | | |

좋은 연설의 사례로 스티브 잡스의 스탠포드 대학교 졸업식 '축사'가 손꼽힌다. 많은 이들이 주목하고 책으로 출판될 정도로 가장 대표적인 연설의 하나로 자리 잡았다. 스티브 잡스의 연설은 자신의 인생을 스토리텔링하는 방식으로 구성되었다. 스티브 잡스는 과장되지 않게 자신의 출생과 입양, 대학 중퇴, 해고, 성공과 실패 등과 관련한 생생한 경험들을 진솔하게 들려주었다. 그의 연설은 청중들로 하여금 집중하고 공감하고 감동을 자아내게 하였다.

스티브 잡스는 연설에서 3의 법칙을 활용하였다. 그는 연설을 시작할 때 "제 인생에 일어난 3가지 이야기를 하려 합니다"로 서두를 꺼낸다. 단 3가지의 이야기를 예고하면서 청중의 기대감을 높이고 집중력을 높였다. 이러한 3의 법칙은 그의 연설 내내 반복되었다. 연설의 마지막까지 사람들의 감동을 이끌어낸 'Stay hungry, Stay foolish'라는 말도 세 번씩 강조하면서 마무리하였다. 단순해 보이지만 3의 법칙, 짧고 쉽게 자신의 생각을 전달하는 연설의 간결함은 더욱 호소력이 있었다.

또한 스티브 잡스는 연설을 듣고 있는 청중을 잘 분석하였다. 사회의 초년생이 되는 대학 졸업생들에게 들려줄 메시지가 무엇인지 명료하게 전달하였다. '현실에 안주하지 마라', '타인의 삶을 살지 마라' 등 자신의 삶을 통해 깨달은 메시지로 청춘들을 고무시켰다. 훌륭한 연설은 연설하는 사람의 열정과 확신을 청중에게 전염시킨다. 연설자의 고유한 매력이 더해지지 않는다면 좋은 연설이 완성될 수 없다. 결국 연설의 설득력을 높여주는 것은 연설하는 사람의 매력과 진정성의 힘이다. 연설하는 사람의 인간적인 이끌림이 더해져야 좋은 연설이 되는 것이다.

그런 점에서 미국의 버락 오바마 전 대통령 역시 스티브 잡스 못지않게 돋보이는 연설자로 손꼽히고 있다. 오바마의 연설 역시 메시지가 단순하였다. '우리는 할 수 있다(Yes, We Can)'라는 2008년 대선 캠페인 슬로건을 보더라도 압축적이고 상징적이었다. 오바마는 "다른 사람이나 다른 때를 기다리고 있다면 변화는 오지 않는다. 우리가 기다려온 사람들이 바로 우리다. 우리가 바로 우리가 추구하는 변화다"라고 강조하였고 청중들은 "예스, 위 캔"을 외치며 환호하였다.

결국 오바마를 대통령으로 당선시킨 비결가운데 연설의 힘도 컸다. 오바마의 연설은 때로는 침묵조차 메시지가 되었다. 2015년 흑인교회에서 있었던 총기난사 사건의 장례식 연설에서 갑자기 침묵하며 '어메이징 그레

이스'를 불렀던 것이 대표적인 사례다. 희생자들을 위로하며 눈을 감고 부르기 시작했던 이 노래가 전 세계인들의 마음을 울린 명연설이 되었다. 중간 중간 2~3초의 정적을 만들어주면 청중의 집중을 끌어올릴 수 있다. 메시지만 전달하지 않고 연설을 통해 감정적인 교류까지 하는 것이 중요하다. 좋은 연설은 내용이 탄탄하고 문장이 빛난다. 그러나 보다 중요한 것은 청중과 마음을 나누고 소통하는 진정성이다.

모든 것이 연설자의 힘이다. 따라서 의식적으로 메시지에 맞는 분위기를 연출할 필요가 있다. 연설을 할 때는 언어, 음성언어, 몸짓언어를 최대한 잘 조합해야 한다. 연설 무대에 올랐다면 각본에 맞추어 목소리에도 변화를 주어야 한다. 자신 있게 메시지를 전달하는 것은 음성의 힘이다. 적당한 높낮이, 뚜렷한 발음, 적절한 목소리로 호소해야 한다. 기어 들어가는 작은 소리로 연설하면 어느 누구도 귀를 기울이지 않는다. 보통 일상의 대화 보다 약간 천천히 말한다는 느낌으로 연설의 속도를 조절하는 것이 좋다. 단조로움을 없애고 자신이 원하는 메시지를 정확하게 전달하기 위해서 목소리 톤에 감성을 적절히 담는 것이 중요하다. 타고난 음색은 고칠 수는 없지만 억양과 음조 등의 변화를 통해 연설의 질을 높일 수 있다. 광장에서 말할 수 있는 목소리를 갖게 되면 연설하는 것이 두렵지 않다.

또한 연설에서도 몸짓언어가 청중에게 미치는 영향이 크다. 연설자는 자신이 어떻게 보여지는 지를 다각도로 고려해야 한다. 얼굴 표정, 시선, 자세, 제스처를 적극적으로 활용한다. 연설자의 모든 움직임은 의도된 것이어야 하고 발표의 목적과 관련이 있는 행동이어야 한다. 연설자의 진정성과 열정을 보여주면서도 겸손하게 전달한다면 연설을 잘한 것이다.

Tips

**연설 잘하는 방법 7가지**

- 서두를 힘차게 시작한다. – 인상 깊은 슬로건으로 청중의 주의를 사로잡는다.
- 일화, 실례, 증거를 많이 사용한다. – 연설은 자신만의 이야기를 담는다.
- 알기 쉬운 말을 사용한다. – 일상에서 쓰는 단어, 짧은 문장, 질문을 사용한다.
- 시각적으로 묘사한다. – 청중의 상상력을 자극하는 표현으로 이미지를 심어 준다.
- 여유를 갖고 편안하게 말한다. – 조급하게 말하지 않고 완급조절을 한다.
- 긍정적으로 이야기 한다. – 사람들에게 희망을 주고 용기를 주는 메시지를 전달한다.
- 자신있고 활기차게 말한다. – 자기가 말하는 내용을 분명히 알고 있다는 인상을 준다.

**Exercise** | 스티브 잡스의 스탠포드 대학교 졸업식 축사 동영상을 보면서 어떤 점이 좋은 연설의 사례로 언급되고 있는지 아래 학생 글을 참조하며 논의해 보고, 특히 스티브 잡스 연설문의 구성에서 배울 점을 발표해 보자.

## "스티브 JOBS 연설을 따라 잡아라"

스티브 잡스는 그의 이름처럼 연설에 'JOBS의 원칙'을 남겼다. 연설을 잘 하려면 스티브 잡스의 연설을 따라 잡으면 된다. 좋은 연설을 위해 명심해야 할 점을 다음 네 가지를 통해 강조하고자 한다.

첫째 Join, 내용을 연결하라. 스티브 잡스는 스탠포드 대학교 연설에서 자신의 이야기를 들려주었다. 미혼모의 아들로 입양되었던 시간부터 췌장암 판정을 받아 죽음에 가장 가까워졌던 때까지 시간의 순서대로 이야기를 연결하여 풀어냈다. 만약 의식의 흐름대로 청중에게 두서없이 이야기를 전했다면 청중들은 혼란스러웠을 것이다. 각 사건들을 단순히 나열하지 않고 시간 순서대로 주제와 연결하여 짜임새 있는 연설을 하였다

둘째 Occur, 발생한 것을 전하라. 스티브 잡스는 실제 자신에게 일어났던 다양한 상황을 설명하며 자신의 이야기를 풀어나갔다. 졸업식 연설의 취지에 맞게 대학생 청중들의 가슴에 큰 울림과 감동을 주며 실제 자신의 삶에서 발생했던 일을 진정성 있게 전달하였다. 일어나지 않은 일을 가정하거나 거짓으로 지어내 말하는 것은 청중들에게 깊은 감동을 전하는데 한계가 있다. 그 어떤 미사여구로 가득한 글보다 청중에게 진실성을 전달해 주었던 것은 실제로 자신에게 일어났던 일을 말하는 것이다.

셋째 Brave, 용기를 주어라. 졸업식 축사였기에 스티브 잡스는 대학을 졸업을 하고 이제 막 사회로 진출하는 청년들에게 용기를 북돋아주려는 목적으로 연설하였다. 그는 청년들에게 우직하게 밀고 나가라는 메시지를 강조하였다. 사회로 나가는 청년들에게 가장필요한 말이 무엇인지 고민하고 그들의 가슴에 울림을 주는 명료한 메시지를 전한 것이다. 젊은 시절 자신이 세운 회사에서 추방당했던 경험, 췌장암에 걸려 죽음까지 갔었던 자신의 삶의 이야기를 들려줌으로써 인생의 아픔을 이겨내고 여기까지 온 삶의 용기를강조한 것이다. 넷째 Specific, 구체적으로 말하라. 스티브 잡스의 스탠포드 대학 연설은 자신이 겪은 일을 아주 구체적으로 들려주었다.

자신이 어떤 상황에 처했었는지 생생하게 묘사하여 청중들로 하여금 충분히 상상이 가도록 구체적으로 말했다. 그의 연설에 더 집중할 수 있었던 이유는 눈에 그려지듯 말한 효과였다. 구체적인 이야기는 메시지에 신뢰성과 전달력을 높여주었다.

'JOBS의 원칙'은 Join, Occur, Brave, Specific으로 정리될 수 있다. 스티브 잡스가 스탠포드 연설을 통해 자신의 메시지를 우리에게 인상 깊게 전달한 것처럼 청중들의 가슴에 남는 명연설을 하려면 '잡스'의 원칙을 유념하면 된다.

**Exercise** | 좋은 연설의 주는 '설득'의 힘을 오바마 대통령의 구체적인 연설 사례를 들어 조별로 이야기해 보자.

**Exercise** | 피겨스케이트 김연아 선수가 2018년 평창 동계올림픽을 유치하기 위해 했던 연설 동영상을 유튜브에서 찾아보고 아래의 학생 글도 읽어보면서 어떤 점이 좋은 연설로 얘기될 수 있는지 조별로 논의해 보자.

## "Be the QuEEn, Rule the World!"

많은 사람들에게 오랜 동안 회자되는 연설은 여러 조건이 충족되었을 때 탄생한다. 평창 동계올림픽을 유치하기 위해 발표 무대에 섰던 김연아 선수의 연설이 회자되는 데는 다 그만한 이유가 있다. 빙상의 여왕 김연아 선수의 연설을 'QuEEn'을 통해 살펴본다.

첫째 Quality다. 아무리 좋은 취지의 연설이라도 연설의 질이 떨어지면 설득력이 떨어진다. 김연아 선수는 3분이라는 짧은 시간을 활용하여 한 가지 구체적인 예시를 사용하였다. 이는 말하고자 하는 핵심을 전달하며 연설의 질을 높이는데 기여하였다. 김연아 선수는 다양하고 풍부한 표정과 자연스러운 제스처를 활용하여 청중의 몰입을 이끌어내는 수준 높은 연설을 보여주였다.

둘째 Experience다. 개인의 경험이 녹아있지 않은 연설은 도덕 교과서를 낭독하는 것과 다르지 않다. 이야기 속에 살아 움직이는 힘은 구체적인 경험이 녹아 있을 때다. 김연아 선수는 한국 정부의 지원을 받아 밴쿠버 동계 올림픽의 금메달을 딸 수 있었던 자신의 경험들을 들려주었다. 청자인 IOC 위원들에게 평창 올림픽은 다른 선수들에게도 그러한 기회를 제공하게 될 것이고 궁극적으로 스포츠 발전에도 도움이 될 것이라고 자신의 경험을 통해 강조하였다.

셋째 Environment다. 연설을 하고 있는 환경을 잘 파악하였다. 김연아 선수는 동계 올림픽 유치를 위한 공적인 연설 상황에 맞게 의상도 단정한 정장을 착용하였고 주제에 맞는 내용을 당당하게 전달하였다. 청중이 모두 외국인이라는 발표 환경을 고려하여 명확하게 자신의 메시지를 전달하기 위해 영어르 연습하여 자연스럽게 영어연설을 하는 모습을 보여주었다.

연설은 청자를 설득하고 감동시키는 말하기다. 한 두 번의 연습으로는 청자와 완벽히 소통하는 연설자가 될 수 없다. 피겨 여왕 김연아 선수가 평창올림픽 유치 연설 무대에 서기 위해 'QuEEn'의 말하기를 보여주었듯이, 그대도 이처럼 연설을 위한 연습을 계속해서 한다면 세상을 지배하는 '말하기의 여왕'이 될 것이다.

**Exercise** | 수업시간에 실습한 동료 학생의 연설을 주의 깊게 듣고, 어떤 점이 좋았고 한편으로 아쉬웠는지 다음 번 연설을 잘 하기 위해 균형 잡힌 피드백을 제공해 보자.

연설은 청중의 마음에 호소해 행동의 변화를 일으키는데 목적이 있다. "자신을 움직이려면 자기의 머리에 이야기하고 남을 움직이려면 그 사람의 마음에 이야기하라"고 하였다. 결국 마음을 사로잡는 것이 설득력이다. 좋은 연설은 세상을 바꾼다. 청중의 마음을 움직일 만큼 의미 있는 메시지를 전달했는지가 관건이다. 미국 인권운동의 역사를 바꾸어 놓은 마틴 루터 킹 목사의 연설이 지금까지도 영향력을 미치는 것은 울림이 있는 메시지의 힘이었다. 스티브 잡스의 스탠포드 대학 졸업 축사가 명연설이 된 것은 자신의 삶을 통해 보여준 진정성의 힘이었다. 연설능력은 타고나는 것이 아니다. 노력한 만큼 가능한 것이다. 연설을 제대로 잘 할 때까지 지속적으로 연습하고 철저히 준비한 결과인 것이다. 좋은 연설을 하려면 대중들 앞에서 들려줄만한 가치가 있는 콘텐츠를 키우고 연설자로서 자신의 매력을 키워가야 한다. 또한 무엇보다 자신의 생각을 발표할 기회가 있다면 주저하지 말고 자주 무대에 서보는 것이다. 자신감이 무엇보다 좋은 연설의 기본이기 때문이다.

연설의 평가는 설득형 발표의 목적에 맞게 청중과의 상호작용이 잘 되었는지, 구체적인 행동변화가 기대되는지 등을 중심으로 살펴 볼 수 있다. 연설문이 청중을 충분히 설득시킬 만큼 논리적 완결성을 갖추었는지, 일관성 있게 주제를 잘 전달하고 있는지, 통일성 있게 내용이 전개 되었는지, 청중들이 오래도록 기억할 수 있는 언어로 표현되었는지 평가해야 한다. 나아가 연설은 별다른 매체의 도움 없이 연설자의 입말을 통해 메시지를 전달하는 것이기에 음성언어와 몸짓언어적 측면이 청중과 상황을 고려하여 효과적이었는지 평가해 볼 수 있다.

## 연설 평가표

<table>
<tr><td rowspan="2">발표</td><td>주 제 :</td><td>평가자</td><td>(　　조)</td></tr>
<tr><td>연설 제목 :</td><td>연설자</td><td>(　　조)</td></tr>
<tr><td colspan="2">내 용<br>· 연설의 목적이 명료하였나?<br>· 설득력이 있는 주제였나?<br>· 참신한 화제를 선정하였나?</td><td>5 4 3 2 1</td><td rowspan="5">【전체평가】</td></tr>
<tr><td colspan="2">구 성<br>· 연설내용을 효과적으로 조직하였나?<br>· 주제와 요점은 일목요연하였나?<br>· 인상 깊은 표현을 활용하였나?</td><td>5 4 3 2 1</td></tr>
<tr><td colspan="2">전 달<br>· 연설자의 목소리가 적절하였나?<br>· 몸짓이나 시선처리는 적절하였나?<br>· 효과적으로 메시지를 전달하였나?</td><td>5 4 3 2 1</td></tr>
<tr><td colspan="2">기 타<br>· 청중들과 잘 소통하였나?<br>· 전체적으로 자연스럽고 여유가 있었나?<br>· 연설이 오래도록 여운을 주었나?</td><td>5 4 3 2 1</td></tr>
<tr><td colspan="2">총 점</td><td>/ 20</td></tr>
<tr><td colspan="4">피드백 :</td></tr>
</table>

## 〈참고자료〉


- 권재환, 박배식, 박정하, 신희선, 이재현, 최창근, 『논리적 말하기』, 공동체, 2016.
- 김은진, "자기소개서 A to Z – 지원동기 어필하고 일관성 유지를!", 〈캠퍼스잡앤조이〉 2015.08.28.
- 김필규, "똑부러진 프레젠테이션 알짜 자격증 못지 않다", 〈중앙일보〉 2006.02.16.
- 리처드 도위스, 허경호 옮김, 『스피치에 강한 리더가 성공한다』, 삼진기획, 2002.
- 리처드 폴, 린다 엘더 지음, 원만희 옮김, 『왜 비판적으로 사고해야 하는가』, 궁리, 2013.
- 마틴 브라이언, 윤희원 역, 『좋은 화법과 화법 지도』, 교육과학사, 1995.
- 매튜 맥카이, 마사 데이비스, 패트릭 패닝, 임철일, 최정임 옮김, 『효과적인 의사소통을 위한 기술』, 커뮤니케이션북스, 1999.
- 박선영, "링컨, 처칠, 오바마 – 진심의 힘으로 세상을 움직였다", 〈한국일보〉 2017.04.08.
- 박정현, "나승연 평창유치위 대변인이 말하는 설득의 비법", 〈중앙일보〉 2011.07.20.
- 벨 훅스, 이다현, 박상옥 옮김, 『비판적 사고 가르치기』, 박영스토리, 2019.
- 백미숙, 『스피치로 승부하라』, 교보문고, 2013.
- "사설– 대학은 스스로 공부하는 곳이다", 〈숙대신보〉 2017.03.13.
- "사설 – 리더의 커뮤니케이션", 〈숙대신보〉 2017.04.03.
- 샘리스 지음, 정미나 옮김, 『레토릭– 세상을 움직인 설득의 비밀』, 청아람미디어, 2016.
- 숙명여자대학교 교양교육원 의사소통센터, 『발표와 토론』, 경문사, 2011.
- 숙명여자대학교 기초교양대학, 『비판적 사고와 토론』, 역락, 2018.
- 스티븐 루카스, 김주환 역, 『스피치의 정석』, 교보문고, 2012.
- 신희선, 숙명여자대학교 〈비판적사고와 토론〉 스노보드 자료 및 학생 글 사례, 2019.
- 야하타 히로시, 나상억 옮김, 『프레젠테이션 박사』, 21세기북스, 2003.
- 이상철, 백미숙, 『스피치와 토론』, 성균관대학교출판부, 2014.
- 이정호, 정인설, 이상은, "프레젠테이션 달인의 비결 : PT도 '개콘'처럼 – 관객을 초장에 휘어잡아라", 〈한국경제〉 2009.04.07.

- 이창덕 외, 『삶과 화법』, 박이정, 2000.
- 임태섭, 『스피치 커뮤니케이션』, 커뮤니케이션북스, 2004.
- 제니퍼 로톤도 외, 고광모 옮김, 『프레젠테이션의 기술』, 지식공작소, 2004.
- 제이 하인리히 지음, 하윤숙 옮김, 『유쾌한 설득학』, 세계사, 2008.
- 조 스피레그, 더글러스 스튜어트, 이창덕 외 옮김. 『발표와 연설의 핵심기법』,박이정, 2008.
- 중앙선거관리위원회, "연설 잘하는 방법 10가지"
- 진 젤라즈니, 안진환 옮김, 『맥킨지, 발표의 기술』, 스마트 비즈니스, 2009.
- 클레라 아일스 자피, 배현석 옮김, 『퍼블릭 스피치 : 대중 앞에서 말하기』, 영남대학교출판부, 2017.
- 카마인 갈로, 김태훈 옮김. 『스티브 잡스 프레젠테이션의 비밀』,RHK, 2015.
- 키케로, 양태종 옮김, 『화술의 법칙』, 유로, 2005.
- 파울 크리거 · 한스 위르겐 한첼 지음, 백미숙 옮김, 『스피치 핸드북』, 일빛, 2001.
- "프레젠테이션의 4단계 체크 포인트", 『KTX』 2005년 11월호, 133쪽.
- 피터 데스버그 지음, 이시훈 · 정의철 옮김, 『스피치의 기술』, 커뮤니케이션북스, 2005.
- 피터 드뢰제, 슈테판 메르케르트 지음, 김종영 옮김, 『리더의 커뮤니케이션』, 커뮤니케이션북스, 2007.
- 한비야, "이름값 제대로 하기", 〈중앙일보〉 2015.09.13.
- 한정선, 『프레젠테이션 오! 프레젠테이션』, 김영사, 2002.
- 후쿠다 타케시, 정유선 옮김, 『프레젠테이션은 말하는 힘으로 결정된다』, 바른지식, 2005.

PART

# 3

# 의사소통과 토론

독일인들은 혼자 있으면 독서를 하고 둘이 있으면 대화를 하고 세 명 이상 모이면 토론을 한다는 말이 있다. 그러나 한국사회 의사소통의 현실은 어떠한가? 토론이 잘 되고 있는가? 급격한 산업화와 민주화의 발전 속에서 삶의 외적인 조건은 많이 나아졌지만 그 내면을 살펴보면 여전히 수많은 문제들이 개선되지 않고 있다. 특히 일방적이고 권위적 소통방식의 문제는 심각하다. 이는 개인 및 집단 간에 신뢰를 바탕으로 한 진정한 소통을 방해하면서 사회적 갈등의 원인이 되고 있다. 즉 평등성과 상호 존중의 가치가 반영된 토론은 고사하고 힘에 근거한 일방적 독선과 논쟁이 소통을 가로 막고 있다.

미디어나 학교 현장에서 벌어지는 토론도 이와 크게 다르지 않다. 오직 승리하기 위해 상대편의 문제점만을 지적하는 비판일변도의 논쟁, 이를 위해 인신공격도 불사하는 토론 광경을 적지 않게 볼 수 있다. 이러한 토론은 엄밀한 의미에서 소통이 아니다. 자신과 다른 입장에 대한 존중과 배려, 함께 문제를 해결하려는 의지가 없기 때문이다. 한국 사회가 진정한 민주주의를 구현하려면 다양성과 평등성에 기초해서 상호 존중하는 의사소통방식을 익혀야 한다. 문제를 함께 해결하기 위한 설득수단으로서의 토론을 제대로 배우고 익혀야 하는 이유다. '진정한' 의미의 의사소통 수단으로 토론이 자리매김하기 위해 경쟁과 협력에 기반하는 토론 문화를 만들어가야 한다.

**Exercise** | 다음의 칼럼을 참조하여 한국사회의 토론문화에 대해 생각해 보자. 서구의 토론문화와 비교하여 어떤 특징이 있는지 찾아보고 어떤 점을 개선할 필요가 있는지 조별로 논의해 보자.

왜 우리는 소통하지 못하는 것일까? 우선 듣고자 하지 않는 우리의 모습에서 원인을 찾을 수 있다. 오지 나의 이야기만 전할 뿐 상대방의 얘기를 이해하거나 들으려 하지 않는다. 토론에서 내 주장을 많이 하는 것이 상대방을 이기는 척도라는 잘못된 생각을 가지고 있다. 토론을 잘 하는 것, 나아가 설득을 잘 하는 것은 듣는 데서 시작한다.

우리의 경직되고 이분법적인 사고 때문이다. 진보와 보수만 있을 뿐 제3의 대안이 들어갈 공간이 없다. 침묵의 나선 이론처럼 다수의 의견이란 미명 아래 우리는 양극단을 강요당한다. 그 틈바구니에서 나의 의견은 매몰되고 여론이라는 흐름에 맡기게 된다.

또한 스피치와 토론에 대한 교육이 미흡했기 때문이다. 스피치를 한다는 것은 인지적으로 체계적인 훈련이 필요하다. 말을 통한 의사소통을 어린 시절부터 제대로 교육받지 못했다는 점이다. 현재 우리의 모습은 대화나 토론의 룰이 없다. 배우지 못했기 때문에 승복할 줄 모른다. 원칙이 없는 논쟁은 또 다른 갈등을 야기할 뿐이다.

# 01

# 토론과 소통

## Guide

문제를 해결하기 위한 수단으로서 토론이 왜 중요한가를 생각해 보고자 한다. 함께 모여 얘기를 나누는 집단화법인 토의와 토론이 어떤 차이가 있는지 비교해 보며, 소통을 하기 위해 기존의 논쟁중심적인 토론에 매몰되지 않고 토의적 요소도 반영될 필요가 있음을 살펴보고자 한다. 토론은 서로의 입장을 역지사지 하면서 갈등을 합리적으로 해결하는 중요한 의사소통 방법이다. 소통의 측면에서 경쟁성과 협력성이 반영된 토론의 성격과 역할을 새롭게 인식하고 실천할 필요가 있음을 생각해 보고자 한다.

토론은 그동안 다양한 개념들로 소개되어 왔다. 공통점은 특정 사회적 쟁점에 대해 찬반의 입장으로 나뉘어 논증의 형태로 의견을 교환하는 대화라는 것이다. 즉 상대방 입장의 허점을 파고드는 비판과 자신의 입장을 강화시키는 논증을 통해서 청중의 동의를 이끌어내려는 행위로 토론을 정의할 수 있다. 하지만 토론이 우리 사회의 갈등을 해소하는 민주적 의사소통 수단으로 기능하기 위해서는 개념적으로 좀 더 구체화될 필요가 있다.

브룩필드Brookfield와 프리스킬Preskill은 토론을 비판이 중심이 된 논증형태의 대화로만 보지 않고, 자기 개방성, 성찰, 상대방 입장에 대한 공감 및 배려를 포괄한 개념으로 이해한다. 프릴리Freely도 토론을 좀 더 넓은 의미에서 토론을 이해하고 있다. 상대방에 대한 이해, 다른 관점에 대한 포용, 지식의 통합을 통해서 문제해결의 더 나은 대안을 모색하는 대화라는 것이다.

논리적인 말하기로서 토론은 심사숙고의 과정을 필요로 한다. '왜 그렇게 생각하는지'를 밝혀야 하므로 객관적인 사고체계가 서 있어야 하고, 다양하고 포괄적인 배경지식과 타자에 대한 이해를 필요로 한다. 따라서 토론을 단순히 특정 논점에 대한 갑론을박의 논쟁으로만 보지 않고, 평등성에 기초해서 상호 존중하고 더불어 문제를 해결하고자 하는 의지와 태도가 반영되는 것으로 볼 필요가 있다. 특정 사회의 문제를 합리적인 대화로 해결하기 위해서는 토론의 개념이 구체화되어야 한다.

**Exercise** | 다음의 칼럼을 참조하여 토론교육과 민주주의에 대해 생각해 보자. 토론 교육을 받는 개인적, 사회적 이유를 조별로 논의해 보자.

토론은 왜 필요한가? 일차적으로 토론은 공동체의 문제들을 '함께 같이' 해결하기 위한 과정이다. 이 과정에서 의견의 일치를 얻을 수도 있지만 그렇지 않은 경우가 더 많다. 오히려 의견 차이를 확인하고 불일치로 끝날 수도 있다. 중요한 것은 당장의 일치된 해답을 얻어내는 게 아니라, 그 차이를 드러내어 서로의 입장을 파악하고 협상하는 과정이다. 문제의 해결은 토론과정에서 도출될 수도 있음을 명심할 필요가 있다. 토론의 의의가 결과로서보다는 '과정'으로서의 민주주의에 있는 것은 바로 이 때문이다. 토론자만이 그 과정에 참여하는 것이 아니다. 그것을 지켜보며 자신의 견해를 세워가는 동료 시민들도 토론에 동참하는 것이다.

민주주의 사회는 기본 신념과 정책, 지도자 선출 등에 있어, 그것이 과연 타당한지 어떤지를 개인으로서의 시민이 객관적으로 따져보고 판단하는 능력이 전제될 때 비로소 가능하다. 민주주의 시민이 되려면 그러한 비판적 합리주의의 소양을 갖추어야 한다. 개인의 판단이 자기 독단에 빠지지 않으려면 타인과 자신의 견해를 계속 견주고 나누어야 한다. 토론은 바로 이러한 대화가 이루어지는 방식이다. 따라서 사회가 민주적이면 민주적일수록 토론의 중요성은 더욱 커진다. 토론이 민주주의 교육의 초석이 되어야 하는 이유다.

## 1) 토론이란 무엇인가?

토론이 의사소통의 수단으로서 자리매김하기 위해서는 소통의 내용과 형식을 갖추어야 한다. 소통은 다양한 용어로 표현된다. 영어 표현으로는 Communication, Interaction, Dialogue가 될 수 있다. 우리 말로는 커뮤니케이션, 상호행위, 대화 등으로 표현되는데 이들의 공통점은 '함께 한다', '함께 의견을 나누다'가 되겠다. 접두어 Com–은 '함께'의 의미가, Inter–와 Dia–의 표현에는 '사이' 또는 '통과하여'의 의미가 내포되어 있다. 따라서 어떤 말이 소통의 수단이 되기 위해서는 둘 사이에 서로 말을 나누고 함께 의미를 공유하고 만들어 가는 과정이 있어야 한다. 이 점은 토론이 갖추어야 할 가장 핵심적 내용이라고 할 수 있다. 함께 의미를 공유하고 만들어 가는 과정이라는 점에서 토론은 일반적으로 대화의 속성과 일치한다.

토론은 논증적 대화다. 특정 사회적 이슈에 대해 자신의 입장을 논증의 형태를 갖추어 주고받는 대화로서 정의내릴 수 있다. 서로 말을 주고받으며 대화하는 소통의 목적을 갖지만 토론은 기본적으로 시각의 차이를 전제한다. 일반적으로 토론은 특정 사회적 이슈에 대해 의견을 나누며 쟁점을 줄이거나 없애기 위한 목적을 추구한다. 다른 사람의 의견을 듣고 나누는 가운데 설득하고 문제를 해결하기 위한 대안을 창출하는 것이 토론의 목적이라고 할 수 있다.

또한 중요한 것은 토론이 기능하기 위해서는 논증의 형태를 가져야 한다는 점이다. 즉 분명한 주장이 있어야 하고 이 주장은 타당한 근거를 통해서 뒷받침되어야 한다. 이에 토론은 ARE 구조인 주장assertion – 이유reasoning – 증거evidence를 갖춘 대화를 의미한다. 이러한 논증은 상대편으로부터 반박되고 이러한 비판과 반론이 이어지며 더 나은 대안을 모색하는 과정이 토론이라고 할 수 있다.

Tips

**ARE 논증구조**

- A[Assertion] – 논제에 대한 주장이 명확하게 표명되었나?
- R[Reasoning] – 근거를 뒷받침하는 이유는 타당한가?
- E[Evidence] – 근거를 뒷받침하는 자료는 충분한가?

---

토론(討論)의 한자 뜻을 살펴봐도 흥미롭다. '토(討)'는 미치지 않은 구석 없이 샅샅이 좇음을, 론(論)은 말로 도리를 좇아 가지런히 질서를 세우는 언어행위를 의미한다. 그런 점에서 사회적 문제에 대해 함께 의미를 공유하고 대안을 모색하는 과정에서 자신의 생각을 논리적으로 전달하고 상대방 입장에서도 헤아려 살필 수 있는 역지사지의 인식이 중요하다. 자신의 입장만 타당하고 상대방은 무조건 잘못되었다는 인식을 갖는다면 소통의 기본적 속성인 협력성을 가질 수 없다. 어떤 사회적 쟁점에 대해 서로 상이한 입장 차이를 단순히 옳고 그름의 잣대로만 접근하는 것은 소통을 불가능하게 만든다.

'서로 다르다'라는 관점을 인정하고 이런 다름을 어떻게 극복할 것인지,

어떤 대안이 더 나은 입장이 될 수 있는지를 함께 논의하는 것이 소통의 토론을 가능케 한다. 이는 자신의 입장도 맹점이 있을 수 있음을 인정하는 데서 토론이 시작되어야 함을 의미한다. 자신의 생각이나 견해도 틀릴 수 있다는 열린 자세는 상호 의견을 조율하는 협력적 태도를 갖게 한다. 이러한 태도는 수평적인 관계유지를 통해 가능하다. 권력이나 자본과 같은 영향력이 의사결정 과정에 관여한다면 자유로운 의견개진이 어렵다. 심리적으로 위축되지 않고 자신의 생각을 당당하게 밝히는 데서 민주적인 토론이 가능하다. 이처럼 토론을 제대로 하기 위해서는 기본적으로 상대방 입장에 대한 존중과 배려, 상대방의 '타당한' 비판은 수용할 수 있는 열린 자세가 중요하다.

Tips

**원활한 토론을 위해 유의할 점**

- 상호 입장의 차이를 '옳고 그름'이 아니라 '다름'의 관점으로 접근해야 한다.
- 자신의 입장에 대해 열려있는 자세, 즉 자신의 주장의 한계점을 비판하는 상대방의 지적을 인정할 수 있는 태도, 상대방 입장에 대한 존중과 공감의 자세가 필요하다.
- 평등성에 기초한 수평적 관계 유지가 중요하다. 상대방을 합리적인 인격체로 인정하는 상호 신뢰가 요구된다.

**Exercise** | 다음의 두 토론대화를 서로 비교해 보자. 어떤 대화가 소통적 요건을 갖춘 것이고, 또 어떤 대화가 그렇지 못한지 근거를 제시하며 〈토론대화 1〉과 〈토론대화 2〉를 비교해 보자.

## 토론대화 1

토론상황: 여론조사 결과를 정당의 경선후보자 공천 기준에서 배제하는 것에 대한 찬성 측과 반대 측의 공방을 다루고 있다.

찬성 측 : 지속적으로 동원경선의 문제를 지적해주고 있으십니다. 동원경선은 당원들이 적기 때문입니다. 그럼 당원들이 많아야 동원경선의 우려가 상대적으로 줄어들겠죠. 반대 측에게 저희 측에서 지속적으로 여론조사의 기술적인 한계 그리고 근본적인 한계에 대해 말씀을 드렸는데 이 부분에서 어떻게 보완하실지 아직 정확한 답변을 못 받았습니다.

반대 측 : 일단 제가 답변을 드리자면 저희는 계속해서 안심번호를 도입할 수 있다, 여론 조사 전체 풀을 늘릴 수 있다, 응답률 할당치를 높일 수 있다고 충분히 답변을 드렸는데 계속해서 기술적 문제에 대한 대안이 없다고 말씀하시는지 잘 모르겠습니다.

저희 찬성 측과 반대 측 모두 현재의 경선 과정에서 발생하는 문제점에 대해서는 동의를 하고 있는 것 같습니다. 동원경선 문제가 발생하고 있고 조작문제가 발생하고 있죠. 그런데 찬성 측께서는 둘 다 동원의 문제가 발생하는데 여론조사만 배제하자고 말씀하고 계시고, 저희는 두 가지가 다 발생하지만 여론조사는 무작위성과 기술적인 보완과정을 통해서 보완할 수 있기 때문에 두 가지 중에 한 가지만 배제될 것이 아니라 같이 반영되어야 더 효과적으로 작용할 수 있다는 점을 주장하는 것이 차이라는 점을 다시 한 번 짚어드립니다. 그리고 간단히 첨언하면 만약 여론조사를 확대 실시하게 되면 당원이 소외가 된다고 말씀하셨는데, 저희는 선후관계를 바로잡아야 될 것 같습니다. 당원이 없었기 때문에 즉 투표에 응할 진성당원이 부족했기 때문이라는 점을 다시 한번 짚어드리고 싶습니다.

– 〈제12회 중앙선거방송토론위원회 전국대학생토론대회 결승전〉 자료

**토론대화 2**

토론상황: 한국 현대사 교육의 국정화 논란에 대해 역사교과서를 국정화하는 데 찬성하는 측과 반대하는 측의 토론자들이 대립을 보이며 논쟁을 벌인다.

이○○ : 근데, 그건 사실은 '민주주의 하면 시끄러우니까 독재로 가자' 이런 발상하고 거의 맞먹는 정도의 조금은 천박한 발상은 아닐까. 그래서 이것들을 좀 잘 이해를 시키고 좀 더 나은 방향으로 갈 수 있게끔 설득하는 게 필요하지 않을까 이런 생각입니다.

권○○ : 천박하다고 말씀을 하셨는데 바로 이 좌편향 교과서들이, 학생들에게 제공하는 이런 교과서가 천박한 거예요. 왜냐하면(중략……) 이러한 것들을 교과서에 써놓았는데 바로 이것이 천박한 짓이지 어떻게 다른 것이 천박하겠어요? 그렇다고 한다면 국정교과서를 채택하지 않을 이유가 없는 거죠.

양○○ : 국정교과서로 가면 좋은 교과서를 만들 수 있을 거라고 말씀하셨는데 아마 교과서를 이번에 처음 써보셨을 것 같아요,
권교수님은. 그렇죠? 교과서를 만드는 시스템에 대해서는 처음 경험해보신 걸 것이고 그래서 상황을 제대로 파악을 못하신 부분도 있을 것 같아요.

– 〈EBS 교육대토론〉 자료

## 2) 토론과 토의, 서로 다른가?

토론을 논쟁적 대화이다. 즉 어떤 사회 이슈에 대해 찬반의 입장으로 나뉘어 서로 경쟁적으로 의견을 개진하는 대화다. 토론의 목적은 자신과 다른

주장을 가진 상대를 논리와 언변으로 설득시키는 일이다. 토의는 자유롭게 다양한 의견들을 검토하고 해결책을 모색하려는 것이다. 그러나 토의도 특정 사회적 이슈에 대해 의견을 조율하고 협의하는 과정에서 의견의 충돌이 나타날 수 있고 이로 인해 논쟁이 주도하게 되는 경우도 있다. 이런 점에서 일상생활이나 기업에서는 토론과 토의를 엄격히 구분하지 않고 사용하기도 한다.

하지만 교육현장에서는 토론과 토의를 구분할 필요가 있다. 토론과 토의가 각각 어떤 상이한 소통목적을 추구하는지, 그리고 이를 위한 내용적, 형식적 요건은 어떻게 다른지 아는 것은 토론 또는 토의를 제대로 실행하도록 하는 데 중요한 토대가 되기 때문이다. 토론과 토의는 대화를 통해 문제를 해결하려고 한다는 공통점을 지닌다. 즉 특정 사회적 이슈에 대해 서로 다른 의견들을 교환하고 논의하면서 합의나 또는 더 나은 대안을 추구한다는 것이다. 토의가 합의를 도출하려는 과정이라면 상대의 의견을 수용하는 설득에 토론의 본질이 있다.

내용적, 형태적 측면에서도 토론과 토의는 분명한 차이가 있다. 우선 내용적으로 토론은 상대방의 입장을 반박하고 자기 입장의 옳음을 상대방에게 인정하도록 설득하는 것이 핵심이지만, 토의는 특정 문제에 대해 여러 사람들이 각자의 의견을 내놓고 검토하여 공통의 합의를 이끌어내고자 상호 의견을 조율하는 것이 핵심이다. 일반적으로 토론은 합의된 결론이 없지만 토의에는 결론이 있다. 토론은 '내가 옳다'는 신념에서 출발하고 토의는 '내가 틀릴 수 있다'는 가정에서 성립한다.

형태적인 측면에서 토론은 참가자들이 찬반의 대립적 입장으로 나뉘어 서로 다른 주장을 펼치는 구조를 보여준다. 토론은 찬반 인원 수도 같아야 하고 누구의 말이 타당한지 우열과 승패를 가르는 과정에서 경쟁적이 될 수 있다. 주장과 반론, 재반론의 대화 속에서 토론은 자신 주장의 타당성을 옹호하거나 상대방 주장의 허점을 비판하는 목적을 추구한다. 토론은 또한 엄격한 규칙에 의해 통제를 받는다. 예컨대 기조발언, 확인질문, 반론 등 토론모형의 틀을 준수하면서 실행되고 발언 횟수와 발언 시간의 통제를 받는다.

반면 토의는 규칙이 없거나 느슨하다. 특정 이슈에 대해 다양한 관점 및 주장들을 표출할 수 있다. 아울러 이러한 주장들이 반드시 논증적 형태를 갖추어야 되는 것도 아니다. 의견이나 아이디어를 자유롭게 펼칠 수 있다. 참가자들은 상호 우호적이고 협조적인 관계를 유지하면서 다양한 의견들을 검토하고 조율하여 공동의 합의안을 모색한다. 즉 사회적 이슈에 대한 입장을 미리 정하고 이를 정당화하는데 집중하는 토론과는 달리, 토의는 여러 의견들을 수합하고 조율하여 최종적으로 입장을 확정하는 점이 다르다고 할 수 있다.

〈토의와 토론 비교〉

<table>
<tr><th colspan="2">구분</th><th>토의<br>discussion</th><th>토론<br>debate</th></tr>
<tr><td colspan="2">공통점</td><td colspan="2">대화적 문제 해결 추구</td></tr>
<tr><td rowspan="5">차이점</td><td>목적</td><td>특정 이슈에 대한 다양한 의견들을 검토하고 조율하여 최선의 합의안을 모색</td><td>특정 이슈에 대한 상대방의 입장을 반박하고 자기 입장의 옳음을 상대방이 인정하도록 설득</td></tr>
<tr><td>규칙</td><td>자유롭게 발언할 수 있고 느슨함</td><td>발언 기회와 시간이 엄격하고 공평함</td></tr>
<tr><td>문제해결 과정</td><td>다양한 의견들의 조율 과정을 통해 최종적으로 문제해결</td><td>문제해결과 관련된 찬반입장을 미리 확정하고, 각 입장의 타당성을 강화</td></tr>
<tr><td>말의 구조</td><td>논증의 형태만이 아니라 단순한 정보나 다양한 아이디어 가능</td><td>찬성, 반대의 주장을 과학적으로 입증, 반증하는 논증의 형태</td></tr>
<tr><td>대화의 내용구조</td><td>상호 협력적</td><td>상호 대립적</td></tr>
</table>

위의 표에서 나타난 것처럼, 토의와 토론은 몇 가지 기준들에 의거하여 구분될 수 있다. 토론은 찬반 대립적 입장을 가지고 논쟁적으로 의견을 펼치는 반면, 토의는 다양한 의견과 정보를 수합하고 조율하여 최선의 합의적 결론을 도출한다. 이에 상응하여 토론은 경쟁성이, 토의는 협력성이 주도하는 대화형식을 보여준다. 하지만 이들이 실제 활용되는 의사소통 현장에서 살펴보면 토론과 토의를 명확히 구분하기가 쉽지 않다. 예컨대 직장에서의 업무회의도 속성으로 보면 토의가 주도하는 대화이지만 경우에 따라서는 대립되는 두 의견이 팽팽히 맞서는 토론 요소도 발견되기 때문이다. 반대로 토론도 쌍방 간에 항상 대립적인 경쟁만을 보여주는 것은 아

니다. 예컨대 핵심 쟁점에 대한 이해를 공유하기 위해 서로 협력하는 부분이 존재한다. 문제를 대화적으로 풀기 위해서 상호 존중하고 경청하는 부분이 이러한 협력적 요소라고 할 수 있다.

궁극적으로 토론이 대화적으로 문제를 해결하려는 목적을 추구한다면, 토의적 요소도 중요한 부분으로서 다루어져야 할 것이다. 토론 본연의 속성인 찬반 대립 관계 속에서 경쟁적으로 의견을 피력하는 것 외에, 서로의 입장을 존중하고 경청하면서 더 나은 대안을 위해 협력하는 것은 건설적인 토론을 위해서 중요하고 필요하다. 이런 면에서 볼 때, 토론은 대립적인 논쟁에 초점을 두지만 대화적으로 문제를 해결하기 위해 상호 협력하는 부분도 반영되어야 한다.

**Exercise** | 토의와 토론이 나타나는 대표적 사례들을 각각 3개씩 선택하여 논의해 보자. 이런 사례에서 내용적으로 중첩되는 부분이 있는지 확인하고 설명해 보자.

### 3) 경쟁과 협력의 가치를 포함한 토론

기존의 토론이 논쟁에서 승리하는 데에 초점을 둔 경쟁성의 가치만을 반영하였다.그러나 소통의 토론은 좀 더 나은 문제해결의 대안을 모색하기 위해 경쟁과 협력을 함께 시도하는 대화다. 프릴리도 토론을 단순히 논쟁으로만 보지 않고 하나의 사안에 대한 합리적 판단을 내리기 위해 찬반의견을 나누는 과정이라고 하였다. 즉 상대방을 허물기 위한 비판중심의 토론이 아니라 문제해결의 나은 대안을 모색하기 위해 서로 경쟁하는 토론을 염두에 두었다.

결국 우리가 토론을 하는 이유는 상대방을 이기기 위한 말하기 기술이 아니라, 우리 삶의 문제에 대해 더 합리적인 대안을 찾기 위함이다. 서로 논박은 하지만 그러한 토론과정을 통해 궁극적으로는 서로에게 더 합리적인 공동체를 만들어 갈 수 있다는 것이다. 문제해결의 합리적인 대안을 위해 치열하게 경쟁하고 그러한 경쟁을 통해 더 나은 생각과 주장과 가치를 향해 협동하는 과정, 즉 경쟁과 협력이 함께 맞물려 돌아가는 과정으로서 토론을 볼 필요가 있다.

토론에서의 경쟁성은 주로 논증과 비판을 통해 부각된다. 좋은 논증은 사안에 대한 분명한 입장과 적절한 논거로 담보된다. 비판은 상대방 논거의 취약점을 정확히 찾아내어 적절한 근거를 통해서 지적하는 것이다. 나아가 비판에서 멈추지 말고 사안에 대한 대안을 제시하고 정당화하는 과정이 필요하다. 즉 비판과 대안제시를 통해서 경쟁성은 확보되는 것이다.

반면 협력성은 무엇인가를 함께 만들어 간다는 대화적 속성을 따르면서 구현된다. 우선 경청 반응이 대표적인 실현형태이다. 상대방을 존중하고 배려하는 반응행위를 통해 불필요한 갈등을 줄일 수 있을 뿐만 아니라 상호 이해의 폭을 넓힐 수 있고 보다 본질적인 핵심 논점으로 나아갈 수 있다. 협력성의 또 다른 형태로는 토론의 규칙이나 예절을 지키는 것이다.

토론은 기본적으로 합리성에 기반한 이성중심의 말하기이다. 토론에서는 논증능력과 비판을 통한 경쟁성 확보가 핵심이다. 그러나 규칙을 어기고 상대방의 감정을 해치는 행위는 아무리 논리적이라 하더라도 긍정적으로 평가받기 어렵다. 따라서 경쟁성 확보에 중점을 두되 협력성도 중요한 부분으로 취하는, 즉 경쟁성과 협력성의 가치가 함께 반영되는 내용과 형태를 갖추고 있어야만 진정한 의미의 소통으로서의 토론이 실현 가능하다.

**Exercise** | 다음은 반론의 사례이다. 토론의 협력성은 상대방 주장에 대한 존중이나 인정하는 행위에서도 발현된다. 발언의 어떤 부분이 이러한 협력성을 보여주고 있는지 찾아보자.

우선 반대 측 입론 잘 들었습니다. 반대 측에서는 공동체적 통합과 합의가 어렵다고 말씀하시면서 그 논거로 통일 이후의 각종 어려움에 대해 지적해 주셨습니다. 물론 그 지적에 대해 일정 부분 동의합니다. 특히 통일 이후의 경제적 어려움이 생각보다 심각할 수 있다는 주장에 동의합니다.

하지만 저희는 여기에서 강조하고 싶은 것이 있습니다. 남북한의 경제적 통합의 어려움은 지속적이고 합리적인 정책을 통해 해결할 수 있다는 것입니다. 구체적으로 북한의 지하자원 개발이나 값싼 노동력을 최대한 활용한다면 통일 이후의 경제적 비용을 어느 정도 해결할 수 있다고 봅니다.

# 02

# 토론과 논증

## Guide

토론은 주장을 펼치고 반론을 하며 이루어지는 논증활동이다. 자신의 주장을 논리적으로 전개하여 상대를 설득하려면 논증구조가 중요하다. 타당한 근거와 자료를 통해 자신의 주장을 입증해 가는 방법이 논증이다. 여기서는 툴민의 논증 모델을 통해 오류가 없이 자신의 논리를 세우는 방법을 살펴보고자 한다. 이를 통해 상대방이 주장하려는 것이 무엇인지, 주장을 뒷받침하는 근거가 무엇인지, 제시한 근거가 충분히 주장을 뒷받침하고 있는지, 근거가 사실이라는 것을 입증할 수 있는지 등을 따져보면서 논증을 확인하고 평가하는 방법을 배우게 될 것이다.

토론은 어떤 쟁점에 대한 논증argument을 통한 대화이다. 따라서 훌륭한 토론을 하기 위해서는 좋은 논증을 구성할 줄 알아야 한다. 그렇다면 좋은 논증이란 무엇인가? 이 물음에 대답하기 위해서는 먼저 논증이 무엇인지 생각해볼 필요가 있다. 논증이란 전제와 결론으로 이루어지는 일련의 문장들을 말한다. 이때 결론은 화자가 내세우는 주장이고, 전제는 그 주장을 뒷받침하는 근거나 이유다. 그렇기 때문에 논증이란 주장과 근거를 나타내는 문장들의 모임이다.

우리는 토론에서 논증들을 주고받는다. 이렇게 논증을 주고받는 행위를 논증활동argumentation이라고 한다. 토론은 어떤 쟁점에 대해 찬반의 입장으로 나뉘어 논증활동을 펼치는 것이다. 찬반의 각 입장에 대해 제대로 논증하기 위해서는 자기의 발언을 논증구조로 펼쳐야 하며, 토론 상대방의 발언도 논증구조로 분석할 수 있어야 한다.

## 1) 논증의 구조

논증활동은 어떤 주장(결론)을 이유나 근거(전제)를 들어 뒷받침하고 정당화하는 과정이다. 어떤 주장이나 판단에 대해 '왜 그러한 입장을 받아들여야 하는가?'라는 질문을 하고 거기에 대답하려고 하면 결국 그 근거를 생각해야만 한다. 그렇게 해서 근거와 주장이 정리되면 비로소 우리는 논증을 구성한 것이다. 이를 바탕으로 그 논증이 과연 좋은 논증인지 아니면 반론에 열려있는지를 생각할 수 있다.

그렇다면 논증이 좋은 논증이 된다는 것은 무엇을 의미하는가? 토론에서 좋은 논증이라는 것은 그 근거가 다른 것에 비해 더 설득력이 있을 뿐만 아니라, 주장도 시의적절하며 받아들이기에 합당하다는 것을 의미한다. 이와 관련해 툴민Toulmin은 6가지 구성요소들을 갖춘 논증구조의 모델을 제시하였다.

〈Toulmin의 논증 모델〉

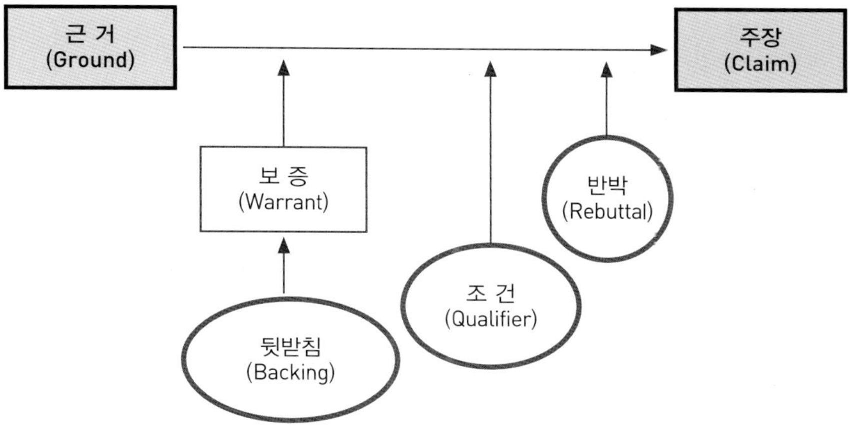


'주장'은 상대방이 받아들이길 희망하는 자신의 명제를 말한다. 이를 논증하기 위해 '근거'가 필요하다. 예컨대 "남북한은 통일해야 한다"를 주장한다고 할 경우 근거로 "통일은 경제적으로 큰 이득을 가져온다"는 것을 선택할 수 있다. 하지만 이 근거를 주장과 연결시키기 위해서는 객관성을 높여줄 수 있는 '보증'이 필요하다. 이런 상황에서 "통일 이후 북한의 지하자원 개발은 경제적으로 큰 이익을 준다는 전문가들의 의견이 있다"는 것을 보증으로 제시할 수 있다. 아울러 "해외의 미디어들도 북한의 지하자원 매장량이 큰 것으로 보고 있다"는 정보는 여기에 힘을 보탤 수 있는 뒷받침 기능을 한다. '조건'은 주장이 적용되는 범위를 말하는데, '무조건', '특별한 정치, 사회적 문제가 없는 한' 등으로 제시될 수 있다. 마지막으로 '반박'은 이러한 논증에 대한 반대논리나 반대 사례가 되겠다. 즉 어떠한 논증도 항상 반대되는 논리나 사례들을 검토함으로써 논증의 완벽함을 추구할 수 있다.

**Exercise** | 다음의 논증구조에서 근거와 주장이 무엇인지 지적해보자.

① 미국인은 이슬람교 경전인 코란을 불태울 수 있는 권리가 있다. 왜냐하면 미국의 헌법은 자국민의 표현의 자유를 보장하고 있기 때문이다.

② 사형제는 공권력이라는 미명하에 국가가 저지르는 일종의 살인 행위이다. 그러므로 사형제는 폐지되어야 한다.

③ "누가 날 만들었는가?"라는 물음에는 해답이 있을 수 없다. 왜냐하면 그 즉시 "누가 하느님을 만들었는가?"라는 보다 깊은 물음이 제기되기 때문이다.

④ 쾌락으로부터 슬픔이 일며 쾌락에서 두려움이 생긴다. 쾌락의 탈을 벗은 인간은 이미 슬픔도 공포도 없다.

⑤ 대학은 지식으로 가득 차 있다. 신입생들은 지식을 약간씩 가지고 들어오고 졸업생들은 아무 지식도 가지고 떠나지 않는다. 따라서 지식은 축적된다.

**Exercise** | 다음 글을 읽고 화자의 주장과 근거가 무엇인지 지적하고, 과연 근거가 설득력 있는지 자신의 생각을 말해보자.

합리성의 원칙에 호소하는 삶은 기계적이고 삭막하다. 사람은 이성적 동물이기는 하지만, 감성적 동물이기도 하다. 합리성의 원칙에 호소하는 삶보다는 감성의 원칙에 호소하는 삶이 더 인간적이다.

〈주장〉 :

〈근거〉 :

※ 근거는 과연 설득력이 있는가?

## 2) 논증의 평가

자신이나 상대방의 논증을 주장과 근거로 분석했다면 다음 단계는 그 논증을 평가하는 것이다. 토론 과정에서 우리가 집중하게 될 가장 핵심적인 요소 중 하나는 화자가 자신의 주장을 적절한 근거로 뒷받침하고 있는가를 평가하는 것이다. 이는 자신의 논증의 타당성을 점검하고 성찰하는 역할뿐만 아니라 토론 상대방의 논증을 비판하는 근거를 제공한다. 이를 위해 하나의 논증을 먼저 주장과 근거들로 분리하고 이들 상호 간의 논리적 관계를 살펴보아야 한다. 이 때 근거는 참이거나 적어도 수용 가능한 것이어야 하고, 주장과 근거가 관련이 있어야 하며, 주장을 지지할 만큼 충분한 근거가 제시되어야 한다.

### (1) 근거의 수용 가능성Acceptability

근거가 옳다면 논증은 그만큼 수용 가능한 논증이 될 것이다. 그런데 많은 논증의 경우 근거가 옳은지를 분명하게 판단하기 어렵다. 가치 판단이 개입된 경우는 더욱 더 그렇다. 따라서 근거의 옳고 그름을 따져보는 과정이 필요하며 가치판단과 관련해서 청중의 신념이나 가치체계도 고려해야 한다.

### (2) 근거와 주장의 관련성Relevance

근거의 옳음이 주장의 옳음에 영향을 끼칠 때 근거와 주장은 관련성이 있다고 말할 수 있다. 전제가 참이라고 가정했을 때 결론이 참이나 거짓이 될 가능성이 있을 경우에만 근거와 주장은 관련성이 있는 것이다. 근거가 참이라고 했을 때 주장이 왜 참이나 거짓이어야 하는지를 알 수 없는 경우에는 주장과 근거는 관련이 없다.

### (3) 근거의 충분성Sufficiency

근거들이 모두 참이거나 수용 가능하고 주장과 적절한 관련을 맺고 있다고 하더라도, 근거들이 주장을 받아들일 정도로 충분하지 않은 경우가 있다. 충분한 근거를 제시한다는 것은 주장이 옳고 타당하다는 것을 믿을 만한 결정적인 근거나 증거를 제시할 수 있음을 의미한다.

**Exercise** | 다음에 제시된 논증을 살펴보고 새로운 근거를 들어 논증을 비판해보자.

① 인간은 모두 감옥에 가야 한다. 왜냐하면 모든 죄인은 감옥에 가야 하는데, 인간은 모두 죄인이기 때문이다.

② 현 정부에서 벌어지고 있는 모든 비윤리적인 사태에 대해 누가 책임을 져야 되는가? 결국 대통령이 책임져야 한다. 왜냐하면 대체로 생선은 대가리부터 썩기 때문이다.

③ 이종 격투기는 다른 스포츠보다 덜 위험해. 지난 15년간 스포츠와 관련한 사망자 수를 보면 야구는 10명, 축구는 8명인 반면 이종 격투기는 단 2명뿐이었으니까.

### 3) 비판과 반론

상대방이 제시한 논증을 평가할 때는 세 가지 측면, 근거의 수용 가능성,

주장과 근거의 관련성, 근거의 충분성에 유념해야 한다. 논증을 평가하기 위해서는 새로운 근거가 마련되어야 한다. 가령 근거가 수용할 만하지 않다고 평가하기 위해서는 왜 그 근거가 받아들이기 어려운지 자신의 새로운 근거를 밝혀야 한다. 그렇게 새로운 근거와 더불어 주장을 제기하면 반론을 제시하는 것이 된다. 이는 상대방의 논증에 대한 비판이다. 이제 실제로 우리가 어떻게 비판을 하는지 예를 통해 살펴보자.

> 영수 : 술 취한 사람은 모두 얼굴이 빨갛게 되는데, 지금 철수 얼굴을 보니까 얼굴이 빨갛게 상기되어 있어. 그러니까 철수는 술에 취한 거야.

영수가 한 말을 듣고 우리는 영수가 제시한 근거가 적절하지 않다고 '논거의 부적절성'을 지적할 수 있다. 철수가 지금 얼굴이 빨갛게 상기된 것이 술에 취해서가 아니라 다른 이유 때문에 그럴 수도 있기 때문이다. 영수가 제시한 근거로부터 반드시 주장이 따라 나오지 않는다. 이처럼 전제가 모두 참이라고 가정하더라도 결론은 얼마든지 거짓일 수 있다. 이렇게 근거가 적절하지 않은 경우 우리는 근거가 타당하지 않다거나 주장이 타당하지 않다고 판단한다. 실제로 철수가 술에 취하지 않은 경우 우리는 여러 적절한 근거를 제시함으로써 실제로 그가 취하지 않았음을 주장하면서 영수의 생각을 반박하고 비판할 수 있다. 가령 "일직선으로 똑바로 걸을 수 있는 사람은 술에 취하지 않은 것이다. 철수는 일직선으로 똑바로 걸을 수 있으므로 취하지 않았다"고 논증할 수 있는 것이다.

> 영수 : 이 투표소의 출구조사 결과에 따르면 이 지역 유권자의 97%가 A후보를 지지하고 있어. 그러니까 A후보가 대통령 선거에서 압도적인 차이로 승리할 거야.

또 다른 사례를 생각해 보자. 대통령 선거가 끝나고 특정 지역 투표소의 출구조사 결과를 보고 영수가 다음과 같이 말한 경우 어떻게 비판할 수 있을까? 위의 경우 우리는 영수가 제시한 근거가 불충분하다고 '논거의 불충분성'을 지적할 수 있다. 영수가 제시하는 증거나 근거는 다양하지 않기 때문이다. 여러 지역 투표소의 출구조사 결과를 확인한 후에야 비로소 예측이 가능할 것이다. 결론적으로 영수의 말은 불충분한 통계자료의 오류를 범했다고 지적할 수 있다.

> 영수 : 최 씨는 모두 고집불통이야. 그런데 A도 최 씨야. 그러니까 A도 고집불통일 거야.

위의 경우는 영수의 말에 대해 '논거의 비사실성'을 지적할 수 있다. 영수 말대로 최 씨가 모두 고집불통이라고 하고 또 A도 최 씨라고 하는 가정을 받아들인다면 그러한 가정 하에서 A는 고집불통이어야만 한다. 즉 영수가 제시한 전제들로부터 결론이 자연스럽게 따라 나와야 한다. 그러나 과연 "최 씨는 모두 고집불통이다"라는 영수의 전제는 참이 될 수 있는가? 우리는 '그렇지 않다'고 말한다. 타인의 견해를 경청하며 존중하는 최 씨들을 주변에서 얼마든지 쉽게 확인할 수 있기 때문이다. 따라서 영수가 제시하고 있는 근거가 거짓이라고 비판할 수 있다.

이렇게 어떤 말에 비판을 할 때 제시되는 것이 논증이다. 반론은 상대방이 제시한 논증에 대해서 새로운 논증을 제시하면서 상대방의 논증이 설득력이 없다고 비판하는 행위를 말한다.

**Exercise** | 다음 글의 논지에 대한 '반론'으로서 가장 적절한 것이 무엇인지 다섯 가지 중에서 하나를 지적하고, 왜 다른 선택지는 적절하지 않은지 설명해보자.

공화정 체제는 영원한 평화에 대한 바람직한 전망을 제시한다. 그 이유는 다음과 같다. 전쟁을 할 것인가 말 것인가를 결정하려면 공화제 하에서는 국민의 동의가 필요한데, 이 때 국민은 자신의 신상에 다가올 전쟁의 재앙을 각오해야 하기 때문에 그런 위험한 상황을 감수하는 데 무척 신중하리라는 것은 당연하다. 전쟁의 소용돌이에 빠져들 경우 국민들은 싸움터에 나가야 하고, 자신들의 재산에서 전쟁 비용을 염출해야 하며, 전쟁으로 인한 피해를 고생스럽게 복구해야 한다. 또한 다가올 전쟁 때문에 지금의 평화마저도 온전히 누리지 못하는 부담을 떠안을 수밖에 없다.

그러나 군주제 하에서는 전쟁 선포의 결정이 지극히 손쉬운 일이다. 왜냐하면 군주는 국가의 한 구성원이 아니라 소유자이며, 전쟁 중이라도 사냥, 궁정 연회 등이 주는 즐거움을 아무 지장 없이 누릴 수 있을 것이기 때문이다. 따라서 군주는 사소한 이유로, 한낱 즐거운 유희를 위해 전쟁을 결정할 수도 있다. 그리고 전혀 대수롭지 않게, 늘 만반의 준비를 하고 있는 외교 부서에 격식을 갖추어 전쟁을 정당화하도록 떠맡길 수 있다.

① 군주는 외교적 격식을 갖추지 않고도 전쟁을 감행할 수 있다.

② 전쟁을 방지하기 위해서는 공화제뿐만 아니라 국가 간의 협력도 필요하다.

③ 장기적 평화는 국민들을 경제활동에만 몰두하게 하여, 결국 국민들을 타락시킬 것이다.

④ 공화제 국가라도 군주제 국가와 인접해 있을 때는 전쟁이 일어날 가능성이 높다.

⑤ 공화제 하에서도 국익이나 애국주의를 내세운 선동에 의해 국민들이 전쟁에 동의하게 되는 경우가 적지 않다.

# 03

# 토론과 설득

## Guide

토론은 타자를 설득하는 행위다. 가치갈등의 상황에서 자신의 주장을 어떻게 전개하는 게 좋은지 로고스, 파토스, 에토스의 관계에서 설득의 구조를 마련하게 된다. 설득은 토론 과정을 통해 논증만이 아니라 정서적인 호소와 인격적인 신뢰가 형성되어야 가능한 것이다. 토론교육의 궁극적인 목적은 갈등을 대화와 토론을 통해 민주적으로 해결해 가는 시민역량, 공동체 협동역량, 문제해결역량을 키워가는 것이다. 이를 위해 어떻게 토론과정을 통해 설득력을 키울 수 있는지 살펴보고자 한다.

아리스토텔레스는 설득을 3가지 요소의 합이라고 하였다. 하나의 발언은 논리에 해당하는 '로고스logos'만이 아니라, 정서적 부분인 '파토스pathos'와 윤리적인 부분인 '에토스ethos'를 함께 고려하고 반영할 때 설득력을 보장할 수 있다는 것이다. 토론에서 논증행위가 설득력을 갖추기 위해서 세 가지 요소가 함께 작동되어야 한다. 이는 수사학의 측면에서도 중요한 부분이다.

우선 로고스는 토론의 논증활동의 중요성을 보여주는 것이다. 토론은 근본적으로 특정 논점이나 사안에 대해 얼마나 많은 지식을 갖고 있는지, 이러한 지식과 정보들을 얼마나 논리적으로 풀어냈는지에 따라 평가가 좌우되기 때문이다. 즉 상대방과의 논리 경쟁에서 우위를 점하기 위해서는 사안에 대한 폭 넓고 깊이 있는 지식과 이것을 논리적으로 연결 짓는 논리적인 구성력이 있어야 한다.

하지만 논리만 가지고서는 상대방과 청중을 설득시킬 수 없다. 토론은 혼자 하는 말하기가 아니라 상대방과 함께 만들어가는 대화라고 볼 때, 상대방의 정서를 헤아리는 파토스가 중요하다. 자신의 감정을 절제하거나 상대방의 마음을 존중하고 배려하는 행위는 불필요한 갈등을 사전에 예방할 수 있고 발언의 설득력을 높이는 데 기여할 수 있다.

나아가 말하는 사람에 대한 믿음에 기반한 에토스가 중요하다. 인격적인 신뢰는 그 사람이 하는 말에 대해 따르게 하기 때문이다. 토론의 규범을 준수하고 예의를 잘 지키는 행위도 화자의 설득력을 높인다.

아리스토텔레스는 설득을 3가지 요소의 합이라고 하였다. 하나의 발언은 논리에 해당하는 '로고스logos'만이 아니라, 정서적 부분인 '파토스pathos'와 윤리적인 부분인 '에토스ethos'를 함께 고려하고 반영할 때 설득력을 보장할 수 있다는 것이다. 토론에서 논증행위가 설득력을 갖추기 위해서 세 가지 요소가 함께 작동되어야 한다. 이는 수사학의 측면에서도 중요한 부분이다.

우선 로고스는 토론의 논증활동의 중요성을 보여주는 것이다. 토론은 근본적으로 특정 논점이나 사안에 대해 얼마나 많은 지식을 갖고 있는지, 이러한 지식과 정보들을 얼마나 논리적으로 풀어냈는지에 따라 평가가 좌우되기 때문이다. 즉 상대방과의 논리 경쟁에서 우위를 점하기 위해서는 사안에 대한 폭 넓고 깊이 있는 지식과 이것을 논리적으로 연결 짓는 논리적인 구성력이 있어야 한다.

하지만 논리만 가지고서는 상대방과 청중을 설득시킬 수 없다. 토론은 혼자 하는 말하기가 아니라 상대방과 함께 만들어가는 대화라고 볼 때, 상대방의 정서를 헤아리는 파토스가 중요하다. 자신의 감정을 절제하거나 상대방의 마음을 존중하고 배려하는 행위는 불필요한 갈등을 사전에 예방할 수 있고 발언의 설득력을 높이는 데 기여할 수 있다.

나아가 말하는 사람에 대한 믿음에 기반한 에토스가 중요하다. 인격적인 신뢰는 그 사람이 하는 말에 대해 따르게 하기 때문이다. 토론의 규범을 준수하고 예의를 잘 지키는 행위도 화자의 설득력을 높인다.

〈논증의 설득력〉

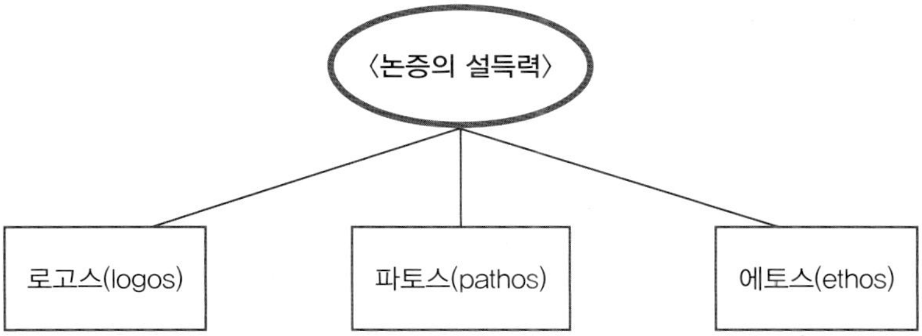


로고스, 파토스, 에토스 이 세 가지 요소들을 담은 논증행위는 그것이 설득력을 제대로 발휘하기 위해 언어 및 비언어를 통해서 명확하게 표현되는 것이 중요하다. 사안에 대해 아무리 많은 정보가 있고 논리가 있어도 발언이 도무지 이해가 되지 않는다면 아무 의미가 없기 때문이다. 적절하고 명료한 문장이나 어휘를 통해서 화자의 주장은 이해될 수 있고 공감을 받을 수 있다. 이런 맥락에서 토론에서의 설득력을 좌우하는 주요 요소들에 대해 좀 더 구체적으로 알아볼 필요가 있다.

## 1) 경청 반응

소통의 시작은 듣는 것에서 시작된다. 소통의 성공 여부는 말을 잘 하는 것이 아니라 남의 생각을 잘 듣는 데 달려 있다. 이는 타인에 대한 존중과 인정을 전제로 한다. 남을 존중하지 않고 또 문제해결을 위한 대화 파트너로서 인정하지 않으면서 남의 생각을 주의 깊게 듣는 것은 불가능하다. 즉 경청은 대화참여자들의 특별한 노력이 아니라 상대에 대한 존중과 인정의 자연적인 결과물이다. 상대를 존중하면 경청은 자연스럽게 나타난다는 것이다.

상대방을 가르치고자 하고 일방적으로 설득하고자 할 때 우리는 종종 경청을 등한시할 수 있다. 자신의 의견이 무조건 옳다는 생각에서 일방적으로 문제를 해결하고자 할 때 상대방의 의견을 주의 깊게 듣는 경청이 어렵다. 경청은 함께 문제를 풀어가고자 하는 마음이 강할 때, 어떤 다른 생각을 배우고자할 때 나타난다. 이렇듯 경청은 상대를 배려하고 존중하며, 이해하고 배우려는 마음가짐을 가질 때 자연스럽게 도출될 수 있는 행위인 것이다.

이러한 경청 반응은 언어 및 비언어로 표출될 수 있다. 우선 비언어의 표현으로는 '주의 깊게 듣는 태도'와 '시선 집중', '메모하기'를 들 수 있다. 상대방이 말을 할 때 시선을 집중하여 말을 세심하게 듣는 태도를 보여주는 것은 존중과 배려의 표현이라고 할 수 있다. 상대방 말의 핵심을 메모하는 것도 동일한 역할을 할 수 있다. 메모하는 것은 상대방에 대한 존중만이 아니라 반론을 위한 토대를 구축하는 데도 기여할 수 있다.

언어적 경청의 대표적인 것으로는 '인용하기', '바꾸어 말하기', '인정하기' 가 있다. '인용하기'는 상대방에 대한 존중을 넘어 서서 객관적 사실에 입각한 비판을 위해 필요하다. 비판의 대상은 대화 상대방이 언급한 발언에 국한해야 한다. 현재의 발언과 간접적으로만 관련이 있는 배경이나 혹은 상대방이 말한 내용을 확대 해석하여 비판해서는 안 된다. 만약 상대방이 언급한 내용에 기초하지 않고 개인적 관점이나 추론에 근거하여 비판한다면 상대방이 이를 용인하거나 정당화하기 어렵다. 따라서 비판을 할 경우 상대방이 직접 언급한 발언에서 문제가 되는 부분을 찾아내 분명한 이유를 들어 비판해야 한다.

> 찬성 측 첫 번째 반론 시작하겠습니다. 먼저 반대 측에서는 GDP 말씀하셨습니다. 그러면서 이 점 분명히 밝혀 주셨는데요. "교육의 가치와 파급효과는 단기적으로 측정할 수 없다". 그러면서 하셨던 말씀, "사교육비가 한해에 1% 증가하면 GDP가 0.31% 감소한다." 교육을 장기적으로 봐야 한다면서 어떻게 사교육비가 1% 증가하면서 0.31% GDP가 감소하는 것을 부정적인 효과라고 이야기할 수 있겠습니까? 이는 반대 측의 논지에 부합되지 않는 부분이라고 생각합니다.

위의 사례처럼, 상대방의 주장이나 논거를 분명히 인용하는 것은 우선 상대방의 말을 귀담아 들었고 명확히 분석했음을 보여주는 경청의 표시라고 할 수 있다. 이러한 언어적 경청은 사실과 무관하거나 감정적인 비판을 자제할 수 있고 자신의 비판이 상대방의 발언내용 그 자체에 연관됨을 보여줌으로써 불필요한 갈등을 피할 수 있다. 즉 인용을 통한 경청은 관계를 유지하는 소극적인 기능만이 아니라 효율적인 비판을 위한 책략이 될 수 있다.

'바꾸어 말하기'는 상대방의 발화를 나름대로 이해하고 해석한 결과를 자신의 표현으로 옮기는 행위이다. '인용하기'와 마찬가지로 정확하고 사실에 입각한 비판과정에 기여한다. 차이점은 '인용'이 상대방의 말 내용 자체를 드러내는 반면, '바꾸어 말하기'는 상대방 말의 내용을 해석과정을 통해 재구성하는 것이다. 전자가 말의 내용을 재현하는데 의미를 두는 반면, 후자는 말의 내용을 정확히 이해하고 확인하기 위해 사용되는 것이다.

> 우선 상대측께서 SNS에 대한 정부규제의 필요성을 강조하고 논거를 통해 입장을 상세히 설명하신 것 잘 들었습니다. 그러니까 상대측께서 제시하신 논거들을 한마디로 압축하면, SNS가 사이버상의 폭력 및 인신공격 그리고 성범죄율 증가를 가중시키는 근본원인이라는 것이지죠? 저희측은 이러한 논거에 대해 반론을 제기하고자 합니다.
>
> (……중략) 따라서 저희측은 SNS에 대한 정부규제를 반대합니다.

이렇듯 '바꾸어 말하기'는 상대측이 제시한 주장이나 논거를 핵심요지를 중심으로 재구성하는 것이다. 적절한 반론을 위해서는 상대측이 제시한 논거를 그대로 인용하는 것도 중요하지만, 논거의 내용이 많고 다소 복잡할 경우 핵심요지를 간결하게 재구성하는 것이 바람직하다. '바꾸어 말하기'를 통한 확인 작업으로 화자는 상대측 의견에 대한 존중과 함께 반론의 효율성을 기대할 수 있다.

'인정하기'는 대화적 문제해결의 의지를 분명히 보여주는 것이다. '인정하기'는 상대측 의견에 대한 존중의 최고형태다. 찬반토론에서 상대편을 인정하는 행위는 자칫 토론에서 지는 것으로 비추어질 수 있기 때문에 쉽지 않다. 하지만 토론에서 설득력은 상대를 인정하면서 자신의 입장을 피력할 때 그 힘이 배가되는 것이다. 이기려고만 하면 자기도순과 아집에 빠지기 쉽기 때문에 승리할 수 없다. 좀 더 설득력 있는 입장을 개진하기 위해서는 상대방의 타당한 비판에 대해 '인정하기'가 중요하다.

상대측은 사형제가 사회 정의를 실현하기 위한 명목으로 선택했지만 범죄예방에 실효성이 적고 특히 가해자 인권을 심하게 유린할 수 있으며 사형집행에 있어서도 오판을 가능성을 제기하며 반론을 펴고 있습니다. 물론 주장하신 것처럼 사형제의 문제점을 인정합니다.

하지만 보다 중요한 것은 제도의 문제점을 보완하는 것이지, 문제가 있다고 해서 제도 자체를 포기하는 것은 현명치 않은 처사라고 봅니다. 따라서 저희 측은 사형제가 갖는 제도적 문제점을 보완한다면 충분히 흉악한 범죄를 예방하는데 기여한다고 생각합니다.

위에서 볼 수 있듯이 사형제를 반대하는 상대측 논거에 대해 '인정'하는 행위를 통해서 토론의 쟁점이 심화되는 현상이 나타난다. 만약 자신의 논거만 무리하게 고수한다면 쟁점이 계속해서 논거의 타당성 여부에 머물러 있기에 소모적 토론이 되기 쉽다. 따라서 상대측 비판 논거에 대해 인정하고 자신 입장의 문제점을 해소하는 대안을 제시하는 것이 토론 본연의 목표인 대화적 문제해결에도 기여한다.

**Exercise** | 미디어에서 볼 수 있는 토론 프로그램에서 경청 유형들이 나타난 사례를 찾아 얘기해보자.

## 2) 논리: 근거자료의 선택, 분석 및 적용능력

토론에서 설득력의 핵심은 논리다. 논리는 자기 입장의 타당성을 증명하는 가장 효과적인 수단이다. 논리를 통해 자신의 주장의 경쟁성이 강화될 수 있다. 논리의 핵심 요소는 주장을 뒷받침하는 근거자료다. 어떤 근거자료를 선택했는지, 이 자료가 어떤 면에서 주장을 뒷받침할 수 있는지, 토론과정에서 그것을 언제, 어떻게 적용할 것인지 기획하고 결정하는 것이 논리의 경쟁성을 확보하는 데 중요하다.

### (1) 근거자료의 선택

근거자료는 토론 논제의 범위와 관련되어 있다. 예컨대 논제가 '인터넷 실명제, 도입해야 한다'라면 인터넷 실명제의 타당성이나 부당성과 관련된 자료들을 선택해야 할 것이다. 지나치게 주제에서 벗어난 자료들은 실제로 활용될 수 없을 가능성이 많다. 설사 활용되더라도 논리적 설득력에 도움을 주기 어렵다. 따라서 근거자료들은 논제의 내용과 관련하여 선택해야 한다.

근거자료들은 토론논제에 대한 찬성 또는 반대의 입장을 지지할 수 있는 내용들로 구성되어야 한다. 이를 위해 자신의 입장을 뒷받침하기 위해서 어떤 내용들이 가장 큰 힘을 발휘할지를 결정하는 것이 중요하다. 이것들을 2~3개의 핵심어로 분류하여 체계적인 자료 선택이 이루어지도록 한다. 핵심어로 표현된 대표적인 논거들을 강화시킬 수 있는 데이터들은 인터넷 검색이나 도서관의 논문 검색을 통해 확보하도록 한다. 또는 여론의 흐름을 파악하기 위한 설문지나 통계 조사를 직접 실행하여 토론자가 원하는 자료들을 얻을 수도 있다.

**〈근거자료의 선택 절차〉**

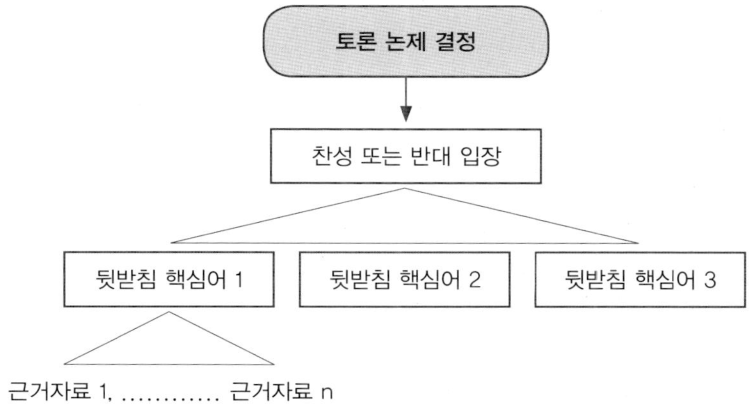

근거자료의 형태는 다양하다. 언어자료뿐만 아니라, 동영상, 인터뷰기사, 사례, 그래픽, 표, 통계결과, 설문지 결과, 그림 등도 근거자료로 활용할 수 있다. 근거자료들은 질적인 측면에서 차이가 날 수 있으니 실제로 활용할 자료의 1.5배 가까이 충분히 확보하는 것이 필요하다. 토론은 결국 근거자료의 경쟁력에서 그 힘을 발휘할 수 있기 때문이다. 근거자료의 경쟁력은 자료가 주장을 적절히 뒷받침할 수 있는지, 이를 적재적소에서 적용하는 능력을 통해서 확보될 수 있다.

### (2) 근거자료의 분석 및 적용

근거자료의 분석은 그것이 주장을 뒷받침하는 데 합당한지, 충분한지를 검토하는 것이다. 논증 평가의 세 가지 기준에 의해 검토할 수 있다. 근거자료가 사실에 부합한지, 주장과 관련성이 있는지, 주장을 뒷받침하기에 충분한지 등을 따져서 자료분석이 이루어져야 한다. 아울러 분석을 마친 자료들은 장황하게 모아놓기 보다는 적재적소에 효과적으로 사용하기 위해 하위의 내용별로 구분해 정리할 필요가 있다.

근거자료의 적용은 자료를 어디에서 사용할지 판단하는 능력이다. 토론의 가상 흐름을 세워놓고 어떤 특정 자료가 어디에 적용되면 좋을지 판단하는 것, 이 자료가 한 곳에 적용되는지 아니면 여러 곳에 적용되는지, 근거자료의 적용과 관련해 전체적으로 토론을 기획하는 능력이다. 근거자료의 적용을 염두에 두고 토론의 각 단계에서 어떻게 자료를 사용할지 미리 구상한다면 토론의 논리력은 확보될 수 있다.

**Exercise** | 다음의 발언에서 주장과 근거가 무엇인지 분석하고, 근거자료가 주장을 뒷받침하는데 적절한지 따져보자.

① 나는 비타민C가 감기예방에 효과가 있다고 확신한다. 우리 가족은 모두 매년 겨울 최소한 한 번씩은 감기를 앓았다. 그런데 지난 해부터 우리 가족이 비타민C를 하루에 500mg씩 복용한 결과, 어느 누구도 3개월 동안 감기에 걸리지 않았다.

② 나는 일전에 어떤 사건을 '현명해'라는 변호사에게 맡겼다. 그는 지나치게 많은 액수의 소송 비용을 요구했다. 내가 생각하기에 대부분의 변호사들은 지나치게 많은 비용을 소비자에게 요구하고 있다.

③ 장남과 결혼한 경우 시부모를 모시는 것은 당연하다. 남편을 사랑한다면 기꺼이 시댁에서 기꺼이 함께 살 수 있어야 한다. 예로부터 여자가 시집을 가면 시부모를 모시고 사는 것을 당연한 것으로 생각하였다. 장남과 결혼해서도 시집에서 시부모를 모시고 살지 않겠다는 여성이 있다면 그녀는 이러한 오랜 전통을 무시하는 것이다.

④ 한 자동차 중개상은 자신이 판매한 신형 승용차가 큰 성공을 거두었다고 자평하면서, 그 이유로 이 자동차를 구입한 100명의 고객 중 성능에 대해 불평한 사람은 단지 5명뿐이라는 사실을 언급하였다. 이 중개상은 '고객의 95%가 만족하면 그것은 엄청나게 좋은 자동차다'는 주장을 하였다.

⑤ 주요 사립대학의 학생들은 자신들이 낸 등록금만큼의 교육서비스를 받지 못하고 있다. 얼마 전 모 대학에서 200명의 학생을 인터뷰 해 본 결과, 인터뷰에 응한 학생들 중 45%가 대학이 제공하는 교육서비스에 '불만족'이라고 답했고 25%는 '보통'이라고 응답하였다.

### 3) 정서적 절제와 배려

토론의 설득력은 논리만으로 담보될 수 없다. 화자가 아무리 논리가 뛰어나도 자신의 감정을 통제하지 못하여 상대방 토론자에게 막말을 한다거나 또는 상대방의 발언을 무시하여 자존심에 상처를 준다면 화자의 말은 공감받기가 쉽지 않을 것이다. 따라서 설득력의 또 다른 중요한 요소는 파토스다. 이는 화자가 자신의 감정을 절제하는 행위와 상대방의 감정을 존중하고 배려하는 행위를 통해 나타난다.

리치(2014)에 따르면 원만한 인간관계는 체면을 보호하는 행위로 가능하며, 이는 중요하다. 이는 자신의 가치는 낮추고 상대방의 가치는 높이는 정서적 노력을 통해서 실현될 수 있다. 다음 표는 체면보호 행위의 원칙들을 보여준다.

〈체면보호의 원칙〉

| 가치 | 원칙 | 내 용 | 전형적 언어행위 |
|---|---|---|---|
| 욕구 | 원칙1 | 타인의 욕구에 높은 가치 부여하라 | 약속 |
| | 원칙2 | 자신의 욕구에 낮은 가치 부여하라 | 부탁/자율성 존중 |
| 능력/소양 | 원칙3 | 타인의 능력/소양에 높은 가치를 부여하라 | 칭찬 |
| | 원칙4 | 자신의 능력/소양에 낮은 가치를 부여하라 | 자기 겸손 |
| 의무 | 원칙5 | 타인에 대한 자신의 의무에 높은 가치를 부여하라 | 사과, 감사하기 |
| | 원칙6 | 자신에 대한 타인의 의무에 낮은 가치를 부여하라 | 사과, 감사에 대한 겸손한 반응 |
| 의견 | 원칙7 | 타인의 의견에 높은 가치를 부여하라 | 동의, 인정 |
| | 원칙8 | 자신의 의견에 낮은 가치를 부여하라 | 개인적 의견임을 표명하기 |
| 감정 | 원칙9 | 타인의 감정에 높은 가치를 부여하라 | 공감, 축하 |
| | 원칙10 | 자신의 감정에 낮은 가치를 부여하라 | 자신 감정 절제 |

위에 제시한 리치의 원칙들은 특히 대립적 토론의 상황에서 필요하다. 특히 '의견'과 '감정'의 가치와 관련된 원칙들은 토론자들이 염두에 두고 반영해야 할 부분이다. 하지만 실제의 토론현장에서는 이러한 원칙들이 위배되는 경우가 흔하다.

## 토론대화

결혼제도에 대한 의견들이 대립하는 상황이다. 구체적으로 현재 한국사회에서 여성의 결혼이 필수적인 것인가 아니면 단지 선택일 뿐인지에 대해 서로 다른 입장을 가진 패널들이 나와 논쟁을 벌이는 상황이다.

노○○ : 그런데 능력 있는 여성이 결혼을 기피하면 사회적, 국가적으로 아주 굉장한 손해에요. 좋은 DNA를 확산시켜야 하는데 자꾸 혼자 '솔로족'이 되어버리면 그건 곤란하죠.

진○○ : 그런데 지금 아까 말씀하셨던 따님도 얼마나 아까워요. 그런데 만약에....

노○○ : 아니! (화난 표정으로 목소리 톤을 높이며)

진○○ : 그 시점에서 조금은 우리 사회가.....

노○○ : 아까운 게 아니라

진○○ : 아니! (목소리 톤을 높이며)

노○○ : 조금 기다렸다가...

진○○ : 네....

노○○ : 외손자 애가 혼자 앞가림 할 정도가 되면 딸도 직장을 다시 가겠다고 그래요.

진○○ : 그게 어려운 것이죠. 경력의 단절이라는 게 여성들의...

노○○ : 지금 어려운 게... 언제 쉬운 적 있었습니까, 다 어렵고 힘들지.

진○○ : 하지만 좀 더 쉽게 만들고자...

노○○ : 경쟁이 언제 뭐 쉬운 줄 아십니까? 천만의 말씀입니다.

– 〈백지연의 끝장토론〉 자료

위의 토론대화에서 짐작할 수 있는 것은 노OO과 진OO 사이에 팽팽한 심리적 경쟁이 일어나고 있다는 것이다. 보수적인 결혼관을 가진 노OO은 자신이 갖고 있는 입장을 일방적으로 제시하는 측면이 있다. 이에 뒤질세라 진OO도 한발 물러서는 것이 아니라 맞대응을 하고 있다. 의견 대립이 첨예한 만큼 서로 체면을 위협하는 반박 및 재반박이 주가 되고 있다.

진OO의 첫 번째 반박인 "지금 아까 말씀하셨던 따님도 얼마나 아까워요"는 상대방의 의견에 가치를 부여하라는 '동의'의 원칙에 위배되었다고 할 수 있다. 아울러 상대방의 사적 영역을 거론했다는 측면에서도 갈등을 유발할 수 있다. 공적인 문제를 다루는 토론에서 상대방의 개인적 가족을 거론하는 것은 넓은 의미에서 자율성에 대한 침해다.

노○○의 다음 발언 "아니!"는 진○○의 반박으로 자신의 체면이 손상되었다는 하나의 증거다. 진○○의 반박에 노○○의 표정이 굳어지면서 자신의 화난 감정을 표출하였다. 이런 감정의 분출은 토론의 분위기를 험악하게 만드는 데 일조한다. 진○○이 다음 발언 "그 시점에서 조금은 우리 사회가"를 계속 이어가고자 하지만, 노○○은 "아까운 게 아니라"의 발언으로 진○○의 말을 끊어버린다. 이에 체면이 손상된 진○○도 자신의 감정을 "아니!"의 표현으로 분출하면서 말 끊기를 시도하고 상대와의 심리적 싸움에서 물러서지 않는다. 이는 자기감정 절제의 원칙과 말 끊기를 통해 자율성을 침해하고 있는 예시다.

노○○은 반말로 "조금 기다렸다가"라고 말하는데, 이는 공적인 자리에서 적절하지 않는 표현이다. 상대방에게 반말을 하는 것은 전형적인 불손한 행위다. 자신의 딸 또래의 상대 패널에 대해 연장자로서의 권위를 내세우는 행동으로도 보일 수 있다. 겸손의 원칙을 위배한 경우다. 진○○의 뒤따르는 발언 "네"는 격론의 토론 분위기를 잠시 식히는 역할을 하고 있다. 상대방에게 발언권을 양보했기 때문이다.

하지만 토론의 분위기는 다시 험악해진다. 노○○은 결혼에 대한 자신의 주장만을 아랫 사람에게 가르치듯이 일방적으로 전달하고, 이에 진○○은 수긍하지 않고 맞받아치고 있다. 두 사람은 상대방의 가치는 깎아내리고 자신의 가치는 높이는 말과 행동을 보여줌으로써 서로의 감정이 손상을 입게 되면서 토론은 소모적으로 흐르게 되는 것이다. 이처럼 상대방의 정서를 무시하는 토론은 자신의 주장이 갖는 설득력에도 부정적 영향을 주기에 피해야 된다.

상대방 정서에 대한 존중과 배려는 설득력의 중요한 한축인 '파토스'에 해당한다. 이러한 능력은 리치의 '체면보호 원칙'을 준수하면서 실현될 수 있다. 체면보호 원칙은 자신의 가치는 낮추고 상대방의 가치는 높이는 행위와 관련된 것이다. 이러한 행위를 통해서 토론에서 불필요한 정서적 갈등을 피하고 서로 존중하면서 토론을 진행할 수 있다. 파토스를 잘 활용하면 건설적인 결론을 도모할 수 있는 대화적 토론이 가능하다.

**Exercise** | 다음의 사례에서 밑줄친 부분의 발언을 리치의 체면보호 원칙에 입각하여 비판해보자.

## 토론상황

정부의 복지예산과 관련해서 여당인 문○○의원과 야당 소속인 이○○의원과 김○○의원이 논쟁을 벌이는 상황이다. 문○○ 의원은 정부의 대선공약 불이행은 사실이 아니며, 복지가 후퇴되었다는 것도 받아들일 수 없다고 주장한다. 이에 야당인 이○○의원과 김○○의원이 이러한 주장을 조목조목 반박한다.

문○○(여당) 의원 : 여당 토론자 하나, 야당 토론자 세분이다 보니까 또 정부와 여당을 일체로 해서 대선공약 불이행 문제를 집중적으로 말씀하시는 것 같습니다. 증세 문제도 그렇습니다. 단기적인 증세 정책이 아니라 미래를 내다보는 증세 정책이 펼쳐야 한다고 생각합니다. 복지정책에 증세가 되지 않아서 복지가 축소된 것이 아닙니다. 예산을 기준으로 말씀드리겠습니다. 작년에 복지예산이 100조였는데요. 다시 말씀드리겠지만 복지 후퇴가 사실이 아니고 복지예산 축소도 사실이 아닙니다. 사실에 입각해서 국민들께 알리고 지속 가능한 복지를 해야 된다, 이렇게 생각합니다.

이○○(야당) 의원: 복지 후퇴가 사실이 아니라고 말씀을 하시니까 이걸 좀 말씀을 드리겠습니다. 우선은 이게 다가 아니고요. 대표적인 공약 파기 사례만 보더라도 노인 관련해서 기초연금 지급을 70%까지 다 하겠다고 했었는데 그 안에서도 또 부부가 같이 받게 되면 또 20%씩 빠지고요. 그래서 70% 이게 다 지급되지 않고 있고요. 국가의 완전한 책임이라고 했는데 지금 뒷짐지고 있고요. 그리고 의료도 4대 중증질환 진료비 전액 국가부담이라고 했는데 지금 역시 없었던 일로 되어가고 있습니다. 장애인 복지 마찬가지로 굉장히 미흡합니다.

김○○(야당) 의원: 제가 시간이 짧아서, 사실관계 복지예산이 계속 늘고 있다 그러는데요. 올해 복지예산 증가 2.1%입니다. 공적연금 지출 자연증가분을 제외하면 복지예산은 줄어 들었습니다. 국가 재정적자가 지난 시기보다 GDP 대비 40%가 지금 넘어 서고 있습니다. 여기에 대해서는 솔직하게 성찰하셔야 됩니다.

– 〈제 2차 공직선거정책토론회〉 자료

## 4) 언어 및 비언어 표현

토론의 설득력을 높이는 논리, 경청 반응, 정서적 배려의 행위는 그것이 언어 또는 비언어로서 표현되었을 때 힘을 발휘할 수 있다. 하나의 발화가 논리 정연할 뿐만 아니라 상대방의 의견을 존중하는 내용을 담고 있어도 표현이 복잡하여 이해하기 어렵다면 아무 소용이 없다. 따라서 설득력을 좌우하는 요소로 언어적 표현과 비언어 표현도 중요하다. 이와 관련하여 앞서 언급했던 그라이스가 제시한 네 가지 격률은 중요한 단초를 제공한다.

그라이스는 언어 사용이 효율적이기 위해서는 양의 격률, 질의 격률, 관련성의 격률, 태도의 격률이 충족되어야 한다고 강조하였다. 양의 격률은 토론에서 제시되는 정보가 너무 많지 않게 적절한 분량으로 제공되어야 함을 말한다. 질의 격률과 관련해서는 주장은 사실에 입각한 분명한 증빙자료에 기초해야 한다는 것이다. 관련성의 격률은 주장과 무관한 논외의 정보는 선택하지 말라는 것이다. 태도의 격률은 토론에서 정보를 제시할 때 애매모호하지 않도록 명확하게, 간결하게, 아울러 체계적으로 표현해야 한다는 것이다. 특히 양의 격률과 태도의 격률은 메시지 전달의 명료성과 관련되므로 토론의 설득력을 높일 수 있는 '좋은' 표현의 원칙이 될 수 있다.

〈토론의 설득력을 위한 언어-비언어 원칙〉

| 유 형 | 원 칙 |
|---|---|
| 언어적 표현 | • 반론을 하기 전에 상대방 의견에 대한 존중을 표하고, 상대방 논거나 주장에서 동의할 수 있는 부분은 정확한 인용을 통해 인정을 표현하라<br>• 반론을 위해 불필요하게 많은 비판 논거를 제시하지 말고, 몇몇 본질적인 문제를 지적하는 비판으로 한정하라<br>• 비판시 먼저 비판의 대상을 구체적이고 명확하게 인용하라<br>• 비판하는 내용을 복잡하고 장황하게 열거하지 말고 체계적으로 전달하라<br>• 비판의 내용은 단순한 논리로 구성하고 쉬운 문장이나 어휘로 표현하라 |

| | |
|---|---|
| 비언어적 표현 | • 비판할 때는 훈계하듯이 가르치려 하거나 지나치게 공격적인 태도나 위압적인 어조는 피하라<br>• 비판시 자신의 의견만 제시하는 태도를 피하고 대화식으로 발언하라<br>• 비판을 받을시 비판내용의 요지를 메모하거나 경청의 태도를 유지하라<br>• 명확한 발성과 어조를 유지하고 말끝을 흐리지 마라<br>• 핵심 메시지와 강조점은 큰 목소리와 제스처로써 부각시키고, 주장을 뒷받침하는 설명은 비교적 빠르고 낮은 목소리로 하라<br>• 다른 논점으로 넘어갈 때 휴지를 두어 내용구분을 명확히 하라 |

위와 같은 세부적인 지침들이 토론의 전체 영역에서 준수되고 반영될 때, 토론자가 추구하는 발언의 설득력이 높아질 수 있다. 즉 언어 및 비언어적 표현은 논리와 경청, 정서적 배려에 대한 토론자의 의지를 전달하여 설득력에 기여할 수 있다.

**Exercise** | 인터넷이나 공중파 방송에서 흥미로운 토론 프로그램을 한 편 시청하고, 위의 기준에 입각하여 토론자들의 적절하지 않은 언어 및 비언어 표현을 찾아 비판해보자.

# 04

# 토론의 **실제**

## Guide

토론을 하기 위해 기본적으로 알 필요가 있는 준비과정을 단계별로 익히고자 한다. 논제를 설정하는 것에서부터 토론에 임하는 토론참여자 및 사회자 그리고 청중의 역할과 태도를 살펴볼 것이다. 논증을 강화하기 위해 필요한 관련 자료를 조사하고 논거카드를 정리하며 토론개요서를 작성하는 방법을 배워 체계적으로 토론을 준비해 가는 것이다. 토론실습을 위한 적절한 토론 모형을 선택하고 토론과정에서 요구되는 입론과 확인질문, 반론을 제대로 실시하고 이를 평가해 보면서 좋은 토론이 무엇인지 알게 될 것이다.

## 1) 토론의 준비

토론을 실행하기 전에 구체적인 준비가 중요하다. 토론에 임하는 토론자, 사회자, 청중의 역할과 태도도 점검해 보고, 적절한 논제를 선택하고 논제에 대한 찬반 입장을 어떻게 뒷받침할지와 논점분석, 자료조사 및 정리 등 모두 토론실행을 위한 준비단계에서 필요한 과정이다. 나아가 논제에 대한 각 입장을 일목요연하게 보여주는 토론개요서를 작성하면 토론준비가 완료된다.

### (1) 토론참여자 관련 준비

#### ① 토론자의 역할과 태도

토론자의 준비도가 토론의 질을 결정한다. 토론은 시간이 제한되어 있다. 무한정 토론할 수 없기에 충분히 합리적인 토론이 이루어지도록 토론자들은 토론 형식에 맞는 규칙과 절차에 입각하여 토론을 진행한다. 생산적인 결과를 이끌어내기 위해서는 토론자들이 명시해야 할 점이 있다. 토론에서 규칙 준수는 토론자가 가져야 할 가장 중요한 태도이자 의무이다. 따라서 토론의 진행방식에 대해서도 잘 알고 있어야 한다. 토론유형이나 토론을 주최하는 집단의 요구에 따라 지켜야 할 규칙들은 조금씩 다르다. 발언기회와 시간 분배에 대한 간단한 규정에서부터, 입론과 반론, 확인질문 등

토론에 임하는 역할과 방법, 언어적, 비언어적 표현에 이르기까지 포괄적이다.

교육토론이나 토론대회에서 하는 토론의 경우 보다 엄격하게 규칙의 세부항목을 설정해 놓기도 한다. 토론 규칙에서 자주 언급되는 내용은 발언 순서와 시간 배분이다. 토론은 토론자에게 동일한 발언 기회와 시간을 부여하는 기회 균등을 원칙으로 한다. 토론자는 일정한 순서를 지켜 주어진 시간 안에 자신의 논증을 펼쳐야 한다. 사회자가 있는 경우 사회자의 지시를 따르면 된다.

토론은 특정 사회적 이슈에 대해 가장 합리적인 해결책을 모색해 가는 과정이기에 토론자의 입장이 명확해야 한다. 서로 상반된 입장이 논리적인 경쟁을 펴되 동시에 협력의 정신도 필요하다. 이에 상대방의 주장이나 논거를 무조건적으로 반대하는 것이 아니라 타당한 주장이나 논거에 대해서는 인정하는 자세가 필요하다. 아울러 자신의 주장이나 논거도 취약점을 있음을 염두에 두고 이를 성찰적으로 분석하여 대안을 제시할 수 있어야 한다.

토론자의 협력정신은 같은 팀의 구성원들 간에도 필요하다. 특정 참여자에게 대부분의 발언이 쏠리고 다른 참여자들은 그저 들러리로 있다면 부정적인 영향을 줄 수 있다. 같은 팀의 토론자들이 어떻게 협력해서 하나의 주장을 이끌어내고 함께 문제를 해결해 나갈 것인가가 중요하기 때문이다. 교육토론에서 토론자의 협동정신은 공동의 목표를 해결해 가는 과정에서 필수적인 요소다.

토론자들이 잊지 말아야 할 것은 논제에 대한 답변은 청중에게 제공하는 정직한 행위여야 한다는 점이다. 또한 무엇보다도 토론자는 토론의 결과를 납득하고 받아들여야 한다. 토론 과정을 통해 최종적으로 합의된 결과를 따르지 않으면 그 토론은 의미가 없기 때문이다. 이미 내려진 결론을 번복하거나 그 결론에 동의하지 않는 태도는 바람직하지 못하다. 토론은 승패가 전부가 아니다. 상대방을 설득시키지 못했다고 해서 토론이 끝이 나는 것은 아니다. 토론은 늘 새로운 상황에서 새로운 관점으로 다시 시작된다. 따라서 본인의 주장이 설득력을 발휘하지 못했을 경우 이유를 분석하고 다음 토론을 준비하는 태도가 필요하다.

Tips

**토론의 달인이 되는 법**

- 자신의 생각을 정확히 전달하라. – 모호한 표현을 쓰지 말고 명시적으로 말하라.
- 상대방의 말을 경청하라. – 상대가 한 말을 잘못 이해하면 비판할 수 없다.
- 사실과 의견을 구분하라. – 주장은 정확한 사실에 근거해야 한다.
- 첫째, 둘째, 셋째로 세목화하여 말하라. – 두루뭉술하게 말하는 것은 좋지 않다.
- 용어 정의, 논의의 한계를 잘 규정하라. – 토론의 범위를 명확히 한다.
- 통계의 양면성을 주시하라. – 자신에게 유리하게 통계를 해석한다.
- 확신을 갖고 당당하게 말하라. – 정확하게 발음하고 자신감 있는 태도로 전달한다.

### ② 사회자의 역할과 태도

토론에 사회자가 있는 경우가 있고 없는 경우도 있다. 사회자가 있는 패널 토론의 경우 사회자는 토론을 원활하게 진행하고 조정해 나가는 역할을 수행한다. 사회자는 토론의 단순한 진행과 조정을 넘어 영향력을 미칠 수 있기에 중립적 태도를 보여야 한다. 토론은 상황에 따라 예측하기 어려운 요인들의 영향을 많이 받는다. 때문에 사회자의 역할 또한 고정되어 있지 않다.

그러나 토론을 이끌어가는 존재로서 사회자는 담당해야 할 기본적인 역할이 있다. 토론의 진행 순서에 따른 사회자의 역할을 살펴보면 다음과 같다. 첫째 토론 전 토론의 장소와 참가자의 좌석을 정한다. 특정인 혹은 특정 집단에 편중된 배려가 드러나는 좌석 배치를 삼가고 균형 잡힌 공간 배정을 해야 한다.

둘째, 토론이 시작되면 토론 참여자를 청중들에게 소개한다. 사회자는 청중들에게 인사를 하고 토론자들을 소개한다. 토론자를 소개할 때 특정인을 더 부각시키는 것은 삼가야 한다. 특별히 초대된 경우는 좀 더 예우해도 나쁘지 않지만 가급적 모든 토론자를 공평하게 소개해야 한다. 청중에 대한 소개도 간단히 해 주는 것이 좋다. 토론에 함께 참여하고 있다는 공동체 의식을 형성하는 출발점이 되기 때문이다.

셋째, 사회자의 중요한 임무는 토론에서 다룰 논제를 소개하는 일이다. 논제를 설정하게 된 배경과 의의를 설명하고 이때 논제에 담긴 문제를 부각시킨다. 논제 소개는 토론 참여자 소개에 앞서 그 순서를 달리 진행해도 상관 없다.

넷째, 토론의 규칙과 토론 방식을 소개한다. 토론자에게 배당된 시간과 발언 기회 그리고 토론 후 판정 방식 등에 대해 명확하게 설명한다.

다섯째, 토론이 본격적으로 시작되면 사회자는 주의 깊게 토론이 전개되는 과정을 경청하면서 그 추이를 따라가야 한다. 사회자는 토론내용에 가급적 개입하지 않는 게 좋다. 그러나 토론자들이 논점을 이탈하거나 모호한 발언을 한 경우 이를 분명하게 지적해 주어야 한다. 토론이 원활하게 진행되지 못할 때는 토론의 핵심 문제와 연관된 새로운 자극을 제공하는 것이 좋다. 또한 토론자들이 과열된 논쟁에 휘말리게 되면 이를 조정해 주는 것이 필요하다.

여섯째, 토론규칙을 어기는 토론자가 있을 경우 이를 제지해야 한다. 배정된 발언시간 혹은 순서를 지키지 않을 때 경고를 하되 갑자기 말을 끊는 방식은 바람직하지 않다.

일곱째, 사회자가 토론자의 의견을 정리할 때 어느 한쪽의 주장에 편향된 발언을 해서는 곤란하다. 사회자는 자신의 개인적인 견해가 개입되지 않도록 세심한 주의를 기울여야 한다. 토론이 모두 끝나면 사회자는 토론을 통해 얻은 성과가 무엇인지 정리해 준다. 그리고 이후 더 논의되어야 할 문제를 언급하고 토론자와 청중에게 인사의 말로 마무리 한다.

**Exercise** | 지금까지 자신이 보았던 토론 프로그램에서 가장 인상 깊었던 사회자는 누구였는지, 어떤 점이 토론 사회자로서 좋은 점이라고 생각했는지 함께 얘기해보자.

### ③ 청중의 역할과 태도

토론에서 청중은 수동적 존재가 아니다. 토론자들이 제공하는 정보와 주장을 그저 잘 듣고 있기만 하면 되는 것처럼 보이지만, 토론에서 청중의 위치 역시 중요하다. 토론자들이 토론을 준비할 때 가장 먼저 고려하는 것이 바로 청중이기 때문이다. 그렇다고 청중이 단순히 토론자의 분석 대상에 머무는 것은 아니다. 토론모형에 따라 청중은 토론자처럼 자신의 의견을 주장하기도 하고 예리한 질문을 던짐으로써 공공의 입장에서 고려해야 할 문제를 환기시켜주는 존재가 되기도 한다.

무엇보다 청중은 토론 결과를 판단하는 결정적인 심판관이 된다. 따라서 청중은 토론자와 함께 공동의 문제를 풀어가겠다는 의식을 갖고 토론에 주체적으로 참여해야 한다. 청중이 지켜야 할 올바른 자세와 태도는 다음과 같다.

첫째, 청중도 논제에 대한 충분한 이해와 나름의 의견을 갖고 있어야 한다. 둘째, 토론이 진행되는 중에 조용히 경청하는 것은 청중의 중요한 자세이다. 토론자나 사회자의 심리에 미치는 영향을 고려해 부정적인 비언어 행동은 삼가야 한다. 셋째, 청중은 토론의 전체 진행 방식과 규칙에 숙지하고 있어야 한다. 청중에게 발언기회를 주지 않는 한 토론에 끼어들어서는 안 된다. 넷째, 발언 기회가 주어졌을 경우에 청중도 토론의 윤리를 지켜 예의바른 태도로 말해야 한다. 자신의 발언이 특정한 토론자를 지지하거나 비난하는 것이 되어서는 안 된다. 다섯째, 토론의 판정을 내릴 경우 토론 평가의 기준과 방법에 따라 해야 한다. 일시적인 기분이나 개인의 성향, 혹은 특정 집단에 대한 이해관계에 좌우되어 토론을 평가해서는 안 된다. 토론자들의 주장을 정확하게 듣고 중간평가를 내리면서 종합해 최종 판정하는 것이 바람직하다.

**Exercise** | 수업에서 토론을 실행한 후 토론을 진행과정에서 토론자와 사회자 그리고 청중이 보여 준 문제들을 지적해 보고, 각 역할에 따른 바람직한 자세에 대해 논의해보자.

### (2) 논제 관련 준비

#### ① 논제 선택

신문과 방송에서 전개되는 토론 프로그램의 논제를 보면 그 시기의 사회적 관심사가 무엇인지, 찬반 양측이 어떻게 대립하고 있는지 알 수 있다. 토의 주제를 '의제'라고 부르듯이 토론거리가 되는 중심 주제를 논제(論題)라고 한다. 토론 논제는 갈등 사안 및 핵심 쟁점에 대해 찬반이 명확히 구분되게끔 제시한 명제를 말한다. 주어진 논제를 두고 토론을 할 수도 있지만 학생 스스로 문제의식을 갖고 논제를 선정할 수도 있다. 좋은 논제를 도출하려면 쟁점을 선택하고 적절한 문장으로 표현하는 과정을 수행해야 한다.

**가. 적절한 논제를 선택하기 위한 조건**

좋은 토론이 되려면 논제가 시의성, 공공성, 대립성의 조건을 충족해야 한다.

첫째, 시의성은 토론이 현재 논란이 되고 있는 사안을 다루어야 함을 말한다. 공동체의 뜨거운 이슈를 중심으로 서로의 의견을 나누어 보는데 토론의 목적이 있기 때문이다. 어제의 쟁점이 반드시 오늘의 쟁점일 수는 없기에 적절한 논제 선정을 위해서는 사회 현안에 대해 꾸준히 관심을 가져야 한다.

둘째, 공공성은 논란 중인 사안이 공공의 문제여야 한다는 말이다. 정치인이나 연예인의 사생활처럼 개인적인 호기심과 관련된 사안은 논제에서 배제한다. 해당 사안에 대해 직접 당사자가 아닐지라도 공동체의 가치와 공공의 관행에 중대한 영향을 미치는 사안인 경우 논제로 채택될 수 있다.

셋째, 대립성은 찬반 양측이 명백하게 대립 구도를 띠어야 한다는 의미다. 토론에 참여하는 대다수 사람들이 한쪽 의견을 전폭적으로 지지한다면 토론을 할 이유가 없다. 찬반 대립이 뚜렷이 형성되어 어느 쪽의 의견이 타당한지를 살피기 위해 토론을 하는 것이기 때문이다.

### 나. 쟁점을 문장으로 만드는 원칙

적절한 쟁점을 선택했다면 그것을 논제화 작업을 수행해야 한다.

첫째, 논제는 구체적인 사안에 대해 하나의 중심 질문만 던져야 한다. 갈등에 따라 다양한 쟁점들이 있겠지만, 그 가운데서도 가장 뚜렷하게 대립하고 있는 지점에 기초해 찬성과 반대가 명확하게 보이는 논제를 구성해야 한다.

둘째, 논제는 현 상황status quo을 변화시키려는 쪽의 주장을 반영해야 한다. 현 상황에 비판적인 측의 문제제기가 없다면 토론은 행해질 수 없다. 사태를 변화시키려는 의도를 담은 논제를 통해 비로소 토론이 가능해진다. 따라서 변화를 필요로 하는 찬성 측 주장이 논제가 되고 현상 유지를 옹호하는 경우 반대 측이 된다.

셋째, 논제는 구체적인 변화의 방향을 담은 긍정문 형태로 제시되어야 한다. 가령 "고교생 두발 제한, 폐지해야 한다"는 논제가 주어졌다면 현재 상황은 학생들의 두발을 제한하고 있는 것이다. 이렇듯 현상을 변화시키려는 측에서 "예"라고 대답할 수 있는 긍정형 논제를 만드는 것이다.

넷째, 논제는 중립적인 언어로 표현되어야 한다. 찬성 측의 편견이 개입된 표현은 토론의 신뢰성을 훼손할 수 있다. 예를 들어 "백해무익한 흡연을 막기 위해 담뱃값을 올려야 한다", "반인륜적 사형제도, 폐지해야 한다" 등의 논제는 찬성 측의 가치판단이 포함되어 있기에 적절하지 못하다. 논제 선정을 위해서는 최대한 중립적 표현이나 법률 또는 학문적으로 공식화된 표현을 사용해야 한다.

**Exercise** | 다음의 진술이 논제로서 적절하지 않은 이유를 지적하고 설명해 보자.

① 성폭행범죄, 대책이 필요하다.

② 학생들 성적을 잘 주어야 한다.

③ 촌지, 근절해야 한다.

④ 고교 무상 급식, 무엇이 문제인가?

⑤ 핵폐기장 선정, 여론에 따라야 한다.

## ② 논점 분석

### 가. 논제 유형

토론을 잘하기 위해서는 자신들이 선택한 논제가 어떤 유형인지 정확히 분석하고 이를 토대로 토론 전략을 세운다. 논제 유형에 따라 토론의 논점이 달라진다. 토론을 효과적으로 준비하기 위해서는 논제가 어떤 유형인지 알 필요가 있다. 논제는 크게 3가지 유형으로 나뉠 수 있다.

첫째, 사실논제는 특정 사안에 대해 참과 거짓으로 입장을 구분할 수 있는 논제다. 사실논제를 다루는 토론에서 찬성 측은 어떤 사실이 실제로 발생하였다고 주장하는 반면, 반대 측은 그것이 거짓임을 주장하게 된다. 사실논제를 다룬 토론의 좋은 예는 법정의 공판이다. 법정 공판에서는 피고소인이 실제 범행을 저질렀는지, 만약 저질렀다면 범행이 어떤 범죄 구성에 해당하는지, 체포와 수사는 적법 절차에 따라 이루어졌는지를 중심으로 공방을 벌이게 된다. 검사와 변호사가 사실 관계 여부를 두고 다투듯이 토론하는 것이다.

둘째 가치논제는 해석과 평가적 주장을 담고 있는 논제다. 특정 현안에 대한 가치판단이 포함된 가치논제의 경우 참 또는 거짓으로 판정할 수 없는 사안이다. 따라서 가치 논제는 '타당하다–부당하다', '선하다–악하다', '좋다–나쁘다', '바람직하다–바람직하지 않다' 등과 같은 도덕적 · 윤리적 판단이 가능하도록 제시된다. '아름답다–추하다'와 같은 미적 판단 역시 가치 논제가 다루는 영역이다.

셋째, 정책논제는 특정 정책을 제안하면서 그것의 채택 여부를 두고 토론하는 것이다. 정책 논제는 우리의 일상과 인터넷 · TV 토론 등에서 쉽게 접할 수 있는 논제 형식이다. 주로 입법부의 법률안 심사나 정부기관의 정책 심사에서 많이 볼 수 있다. 정책 논제는 변화행위의 성격에 따라 '도입형, 폐지형, 조정형, 대체형'으로 분류해 볼 수 있다.

〈논제의 유형〉

| 유형 | 사실 논제 | 가치 논제 | 정책 논제 |
|---|---|---|---|
| 특징 | 사실 관계 여부<br>행위의 책임 정도 | 대립되는 가치의 우선순위<br>가치의 선호 및 판단 기준 | 기존 정책의 한계, 변화 필요성,<br>실행방안의 실효성,<br>이익과 비용의 문제 |
| 목적 | 사회정의 실현 | 공동체의 올바른 가치검토 | 정책의 유용성, 최선책 모색 |
| 분석 | 그렇다 vs 그렇지 않다 | 좋다 vs 좋지 않다 | 해야 한다 vs 해서는 안된다 |
| 사례 | A가 B를 살해했다 | 인간 본성은 선하다 | 사형제도, 폐지해야 한다 |

### 나. 핵심 논거 찾기

논제에 대한 각 입장을 뒷받침할 수 있는 핵심적 논거를 찾는 것이 중요하다. 이는 논제의 성격과 종류에 따라 다르다. 유능한 토론자는 논제에 내포된 핵심 논점을 찾아내고 그에 따른 핵심적인 논거를 선택한다. 실제 토론 과정에서 찬반 양측은 대립되는 논점들 하나하나에 자신들의 주장을 뒷받침할 논리적인 근거와 경험적인 사례들을 제시한다. 토론참가자들은 첨예하게 대립하는 쟁점들에 대해 설득력 높은 근거를 제시하는 데 힘을 기울여야 한다.

쟁점을 쉽게 분석할 수 있는 방법으로 논점 분석 모형을 활용해 볼 수 있다. 대립적 정체 모형stasis model과 필수 쟁점 모형stock issue model이 그것이다. 사실논제의 경우에는 대립적 정체 모형이, 정책 논제의 경우에는 필수쟁점 모형이 적합하다. 가치논제의 경우는 대부분 대립적 정체 모형이 적용되나 논제의 구체적인 내용에 따라 준정책논제의 성격을 지니고 있는 경우 필수쟁점 모형이 적용되기도 한다. 특히 어떤 사안에 대한 가치의 차이가 특정 정책에 대한 찬반으로 발전할 경우에는 정책논제처럼 필수쟁점 모형이 적용될 수 있다.

〈논점 분석 적용 모형〉

| 논제 유형 | 논점 분석 적용 모형 |
|---|---|
| 사실, 가치 논제 | 대립적 정체 모형 |
| 정책 논제 | 필수쟁점 모형 |

### A. 대립적 정체 모형

이 모형은 사실 논제의 토론을 위한 논점 분석에 적합한 방법이다. 찬반 양측의 주장이 나름의 근거를 갖고 대립하면서 팽팽하게 갈등하는 상태를 전제로 하기 때문이다. 찬반 양측이 어떤 지점에서 대립하는지를 알게 되면, 토론 전략의 수립과 자료 준비에 큰 도움이 된다. 이 모형을 이용한 논점 찾기 방법은 다음과 같다.

1단계: 추정된 사실은 진실인가?

찬성 측과 반대 측이 추정하고 있는 사실에 대한 판단이 충돌하고 있기에 이 점을 살펴야 한다. 예컨대 누군가가 범죄를 저질렀다는 이유로 고소되었다면, 그 추정 사실로 '그 사건은 실제로 일어났는가?', '누가 진짜 범인인가?' 등을 살피는 것이다. 법정에서는 이러한 추정 사실의 진위여부를 두고 원고와 피고가 각각 찬성과 반대의 입장에서 공방을 펼치게 된다.

2단계: 추정된 사실에 대한 정의는 적절한가?

추정된 사실을 어떻게 정의하는가가 쟁점이 된다. 예컨대 형사재판에서는 사망 사건과 관련되어 기소되었다고 해서 모두 살인 범죄가 성립되지는 않는다. 계획적인 살인인지, 폭행 치사인지, 정당방위에 해당하는 것인지 등의 논란이 있기 때문이다. 이러한 공방의 경우 해당 사건이 어떤 법 조항에 적용되는 것이 타당한가가 논점이 된다. 일반적인 토론에서는 논제와 관련된 핵심어의 함의를 토론자들이 자신의 관점에서 목적의식적으로 규정하기 때문에 용어 정의 그 자체가 하나의 논점이 될 수 있다.

3단계: 상황에 대한 판단은 적합한가?

해당 논제와 관련한 상황에 대한 적절한 해석이 문제된다. 앞서 형사재판의 경우 사실 관계와 적용 범주만 판별되면 재판이 쉽게 종료될 것이라고 속단할 수 있다. 그러나 문제가 그렇게 단순하지 않다. 실제로 범죄행위가 정당화되거나 용서받는 경우도 있다. 정황을 고려할 때 규칙에는 언제나 예외가 존재한다. 이는 사실과 가치를 둘러싼 보편적 원리에 대해 심사숙고하게 만든다.

4단계: 정해진 절차를 제대로 지켰는가?

분쟁의 전개 과정에서 참여자들이 규칙과 절차를 모두 밟았는지 과정을 두고 다투는 것이다. 현대 미국에서의 미란다 원칙에서 볼 수 있듯이, 체포 및 인신구속의 적법성, 피의자 조사 과정에서 변호사의 조력을 받을 권리 등을 보장했는가와 같은 절차의 적법성의 문제와 관련이 있다. 물론 절차 문제는 범죄 자체에 내재된 핵심 쟁점이 아니라고 말할 수도 있다. 그럼에도 불구하고 형사 재판은 물론 다양한 사회적 갈등 상황에서 절차의 적법성 문제가 논쟁의 핵심을 구성하기도 한다. 이는 갈등 해결의 정당성과 관련해서도 중요한 의의를 갖는다.

### B. 필수쟁점 모형

이 모형은 구체적인 정책 실행 여부를 둘러싼 논쟁에서 최소한 논의되어야 할 핵심 요소들이 포함된다. 논제를 분석하는 과정에서 이러한 기본 요소들에 주목해서 차례대로 논점을 정리해가면 자료 조사에 걸리는 불필요한 시간과 노력을 줄일 수 있다. 정책 토론의 논점 분석은 다음 네 개의 핵심 질문을 중심으로 이루어진다.

첫째, 현 상태의 문제점이 정책 변화를 요구할 만큼 심각한가?

변화에 대한 요구는 언제나 현 상태에 대한 불만에서 제기된다. 현 상태에 만족하지 못하는 측이 문제를 제기하고 새로운 정책을 제안함으로써 정책 토론은 시작된다. 첫 단계에서의 논점은 현 상황의 문제점이 긴급한 정책 변화나 행동을 요구할 만큼 심각한가를 따지는 데 있다. 찬성 측은 현 상황이 특정한 사회적 요구를 충족시키지 못한다는 입장에서 손해 정도가 매우 심각하여 긴급한 정책 변화가 필요함을 호소하는 것이다. 즉 일련의 행동을 시행하지 않을 경우 커다란 사회 문제가 될 수 있음을 입증해야 한다. 이에 반해 반대 측은 찬성 측의 현실 인식이 잘못되었음을 지적하거나, 또는 현 상황이 문제가 없는 것은 아니지만 그렇다고 성급하게 현 상태를 변화시킬 근거가 없음을 지적한다.

둘째, 현재의 제도와 기존정책으로는 문제점을 해결할 수 없는가?

현 상태에 대한 불만이 변화를 추구하는 정책 대안의 내적 동기로 작동한다. 그런데 변화의 동기에 대해 양측이 동의하더라도 그것이 현재 시행되고 있는 정책의 문제 때문에 비롯된 것인지는 여전히 남는 논점이다.

찬성 측은 문제점을 부각시켜 현재 문제의 책임이 잘못된 기존 제도와 정책 때문이라고 논증한다. 반대 측은 변화의 필요성에는 동의하지만 그것이 현재의 정책상 문제에 있지 않다고 주장한다. 이처럼 변화의 필요성에 동의한다는 것과 그 원인을 현 정책에서 찾는 관점은 층위가 전혀 다른 논점이다. 이 단계에서는 일차로 현 정책이 문제 상황을 개선하는 데 한계를 안고 있는지에 대해 논의해야 한다. 이어 현 정책이 문제 상황을 초래한 원인인지를 검토해야 한다.

셋째, 찬성 측이 제안한 정책은 실제로 현재의 문제점을 해결할 수 있는가?

정책 논제의 토론에서 가장 중요한 논점은 정책 시행과 폐지를 통해 현재의 문제 상황을 해결할 수 있는지 여부이다. 정책 토론의 경우는 대체로 변화의 당위성에는 의견 일치를 보이면서 시작하는 경우가 적지 않다. 그러나 반대 측이 찬성 측의 변화 요구에 동의한다고 해서 그것이 특정 대안이 문제 해결에 최선이라는 데 동의한다는 뜻은 아니다. 찬성 측은 새롭게 제안한 정책을 통해 현 상태의 문제점을 해결할 수 있음을 구체적으로 입증해야 할 책임을 갖는다.

한편 반대 측은 찬성 측의 입증 과정에 내재한 문제점만을 지적해도 된다. 문제 상황과 제안된 새로운 정책의 연관성이 약해 효과가 미약할 것이라든지, 그 대안을 통해 문제가 개선될 소지가 없다는 식의 주장을 제기할 수 있다. 반대 측은 반증의 부담을 지지는 않으나, 반증을 요구받을 경우 유사한 선행 사례를 들어 대응하는 것이 효과적이다.

넷째, 제안된 정책의 기대 효과는 비용 대비 이익이 더 큰가?

찬성 측이 제시한 정책 대안의 채택 여부는 단순히 문제 해결 능력만으로 판단되지 않는다. 정책 방향에는 모두가 동의했지만 그것을 준비하고 실행하는 과정에 과도한 비용이 소요된다는 이유로 채택되지 않는 경우도 있다. 그런 점에서 정책 채택 여부를 둘러싼 비용과 효과의 대차대조표를 놓고 다투는 것이다. 찬성 측은 효과를 과대하게 예상하며 대개 사회 통합이나 공동체의 정의 같은 규범적 판단을 강조한다. 반면 반대 측은 대개 비용 대비 기대 효과가 낮다는 공리적인 판단을 제시한다. 이 단계에서 찬성 측은 주어진 정책 대안이 경제적으로 환산할 수 없는 가치를 생산할 뿐만 아니라 현실적으로도 이익이 됨을 입증하는 것이 좋다. 대체로 반대 측이 '다 좋은 데 돈이 너무 많이 든다'는 논점을 유지하기 때문이다.

토론 논제에 대한 기본 논점이 무엇인지 이해했다면 찬칸 양측이 제시할 논거를 객관적으로 예측할 수 있다. 논점을 분석하는 과정에서 '논점 분석표'를 간단히 작성하는 것만으로도 토론의 주요 논거를 파악할 수 있다. 논점 분석표의 작성은 찬성과 반대 모두의 입장을 준비해야만 하는 교육토론에서 짧은 시간 내에 논점을 정리하는 데 효과적인 방법이다.

〈찬성과 반대의 논점구조〉

| 찬성 측proposition | 필수 쟁점 | 반대 측opposition |
|---|---|---|
| 문제가 심각하고 중대하며, 시급하게 조치하지 않으면 피해가 크다 | 문제(양적,질적피해), 원인(구조적,태도적) | 문제는 심각하지 않으며, 시급한 조치가 필요 없고 자연스럽게 해결될 수 있다. |
| 새로운 해결방안으로 문제를 해결할 수 있다 | 해결 방안 (실행 가능성) | 새로운 정책으로 문제가 해결된다는 보장이 확실하지 않고, 기존 정책으로도 문제는 해결될 수 있다. |
| 비용 부담보다 문제해결로 얻는 이익과 효과가 크다 | 이익, 비용 | 불확실한 이익보다 치러야 하는 사회, 경제적 비용이 크다 |

**Exercise** | “사형제 실시해야 한다”는 정책 논제에 대해 아래와 같은 〈논점 분석표〉를 작성해보자.

〈논점 분석표〉

<table>
<tr><th colspan="2">논제: "사형제 실시해야 한다"</th></tr>
<tr><td colspan="2">▲ 1단계: 새 정책의 배경 문제의 심각성<br>사회의 흉악무도한 범죄가 사형제를 실시해야할 만큼 심각한 상황인가?</td></tr>
<tr><td>찬성<br>핵심 논거: 아동 성폭행 등 우리 사회의 흉악한 범죄가 심각한 수준이다.</td><td>반대<br>핵심 논거: 우리 사회의 범죄가 사형제를 실시해야 할만큼 심각하지 않다.</td></tr>
<tr><td colspan="2">▲ 2단계: 현 정책의 한계<br>기존의 형벌체계는 흉악한 범죄를 예방하는 데 한계가 있는가?</td></tr>
<tr><td>찬성<br>핵심 논거: ____________</td><td>반대<br>핵심 논거: ____________</td></tr>
<tr><td colspan="2">▲ 3단계: 새 정책의 해결력<br>사형제는 현재의 흉악한 범죄를 근절할 수 있는가?</td></tr>
<tr><td>찬성<br>핵심 논거: ____________</td><td>반대<br>핵심 논거: ____________</td></tr>
<tr><td colspan="2">▲ 4단계: 새로운 정책의 효과와 비용<br>사형제를 실시함으로써 얻는 효과나 실익이 비용보다 큰가?</td></tr>
<tr><td>찬성<br>핵심 논거: ____________</td><td>반대<br>핵심 논거: ____________</td></tr>
</table>

### ③ 근거자료 조사

근거자료는 토론의 질에 영향을 미치는 중요한 요소다. 논점 분석을 통해 선택된 핵심논거가 힘을 갖기 위해서는 뒷받침하는 근거자료를 찾고 선택하여 정리하는 작업이 중요하다. 자료조사가 충분하지 않으면 주장만 있고 근거 제시는 부족한 토론이 되어 버린다. 근거를 제시하지 못하면 효과적인 주장을 펼치기 어렵다. 하지만 선택된 모든 자료가 다 가치가 있는 것은 아니다. 청중이 용인할 수 있는 객관성을 담보한 자료가 힘이 있다. 따라서 객관성을 갖는 자료들을 찾고 선택하는 작업이 중요하다. 이에 자료조사를 할 때는 타당성이 있는 자료인지, 주장을 뒷받침하는 최선의 자료인지, 공신력 있는 기관의 자료인지, 출처를 밝힐 수 있는 자료인지, 가장 최근의 자료인지 등을 고려해야 한다.

우선 자료를 찾는 방법에는 '오프라인 방법'과 인터넷을 이용한 '온라인 방법'이 있다. 인터넷이 일반화되어 있기 때문에 오프라인 방법보다는 온라인 방법을 우선적으로 활용하는 것이 효과적이다. 온라인 방법을 통해 자료를 찾아본 후 인터넷 상에서 찾을 수 없는 것을 오프라인에서 확인해 보는 것이 시간상 효과적이다.

#### 가. 온라인 방법

A. 토론의 핵심용어를 검색도구로 사용한다. 핵심용어는 '논제'나 '저자명'에 해당한다. 인터넷을 활용하여 핵심용어를 검색하기 전에 토론에서

쟁점이 되는 핵심용어들을 우선순위에 따라 '목록화'하는 것이 좋다.

B. 가능한 한 많은 수의 관련 사이트들에서 검색한다. 핵심용어를 검색할 때 가능한 한 많은 수의 관련 사이트들을 검색하면 각 사이트들마다 중복되는 핵심내용을 찾아낼 수 있다. 이렇게 찾아낸 핵심내용을 보다 폭넓은 검색자료로 활용해야 한다. 검색은 인터넷 포털검색사이트 → 도서관이나 관련 부처, 단체 홈페이지 → 관련 전문가 집단, 학회 홈페이지 → 인터넷 서점 순으로 한다.

C. 핵심용어를 통해 검색한 자료는 토론의 논점에 맞아야 한다. 일단 핵심용어로 검색을 했다면, 검색된 자료들 중 토론에서 논거로 쓰일 수 있는 자료들을 논점과 관련하여 선별해야 한다.

### 나. 오프라인 방법

온라인에서 확인된 자료들 중에서 구체적인 내용을 접할 수 없는 자료들을 우선순위로 목록화 하여 오프라인 상에서 확인해 보아야 한다. 문서화된 자료들 중 아직도 상당수는 그 내용을 오프라인에서만 접할 수 있다. 중요한 자료라고 판단될 때에는 반드시 오프라인에서 가능한 많은 자료들을 직접 확인해 보아야 한다.

오프라인 상에서 직접 확인 작업을 거쳐 온라인에서 검색하여 작성한 자료 목록에서 불필요한 자료들을 삭제해야 한다. 온라인에는 불필요한 많은 자료들이 올라와 있다. 이 자료들 중 필요한 자료를 선별하는 작업은 부분적으로 오프라인에서 진행될 수밖에 없다. 토론의 논점에 맞는 자료가 어떤 것인지를 오프라인에서 그 내용을 구체적으로 확인하여 온라인에서 작성한 목록을 재구성할 필요가 있다.

토론의 주제와 관련하여 여러 가지 배경 지식을 줄 수 있는 또 다른 경로가 있는지를 확인해 보아야 한다. 단순히 활자화되어 있거나 문서화되어 있는 자료만이 아니라, 경우에 따라서는 토론의 주제와 관련하여 배경 지식에 도움이 되는 각종 자료들을 직접 조사해 볼 필요가 있다.

자료조사의 다음 단계는 온라인과 오프라인으로 검색된 자료의 타당성을 분석하는 단계이다. 취합된 모든 자료가 다 유의미한 것이 아니다. 자료가 얼마나 객관적 힘을 갖고 있느냐가 중요하다. 자료의 객관성을 검토하기 위해 유의할 점들이 있다.

A. **개인적 경험이나 관찰** – 개인적 경험이나 관찰을 일반화하여 논거로 제시하는 경우가 있다. 그러나 개인적 경험이나 관찰은 양적으로 제한되어 있고 대표성이 없으므로 논거로 사용되기에 부적절한 경우가 많다. 이 경우 흔히 '성급한 일반화의 오류'가 발생할 수 있다. "이 사람의 경험이나 관찰이 얼마나 객관적이며 신뢰할 수 있는가?" 질문해 보고 자료로 활용할 것인지 여부를 판단한다.

B. **권위 있는 증언** – 어떤 논제에 대해 자신보다 전문적인 지식을 더 많이 가지고 있는 사람을 보통 '권위자'로 여긴다. 비전문가보다는 이러한 전문가가 하는 증언이 자료로서 신뢰성이 높을 가능성이 있다. 그러나 여러 가지 이유로 전문가의 권위 있는 증언도 오류가 있

다는 점을 잊어서는 안 된다. 객관적으로 입증되지 않은 편향된 권위자의 증언은 주장의 정당성을 입증하는 논거로 사용될 수 없다. 어떤 권위자의 증언을 논거로 채택할 경우 "이 전문가가 편파적이지 않다고 믿을 만한 충분한 이유가 있는가?" 질문해 보아야 한다.

C. **전통에 호소** – 기존에 인정되는 전통적 방식은 보통 안정되고 편안한 느낌을 준다. 그렇다고 그것이 반드시 옳다고 할 수는 없다. 주장의 올바름은 전통에 호소해서 입증되지는 않는다. 이에 "기존의 전통에 호소하는 것이 주장을 입증하기에 적합한가?"라는 질문을 통해 검증해야 한다.

D. **사례 연구** – 어떤 문제에 대해 자료로 제시되는 체계적인 관찰 결과가 '사례 연구'다. 사례 연구는 예를 들어 제시하는 일종의 '보기'로서 매우 구체적일 경우 설득력 있는 논거로 활용된다. 그러나 그 사례가 제시하는 것은 주장에 대해 하나의 예를 보여줄 뿐이지 논증 자체를 증명해 주는 것은 아니다. 아무리 구체적이고 많은 사례를 들더라도 대표성이 없다면 설득력이 없다. 이 경우 "이 사례는 전형적이며, 강력한 반대 사례는 없는가?"라고 질문해 보아야 한다.

E. **연구 보고** – '연구 보고'는 과학적인 연구 방법을 통해 관찰한 것을 체계적으로 정리한 것이다. 과학적인 연구 방법은 공적으로 확인 가능한 자료에 의존한다. 그리고 정확한 일반화와 해석에 영향을 미칠 수 있는 여타의 요인들을 최소화한다. 따라서 과학적 연구 방법에 기초한 '연구 보고'는 토론에서 주장을 뒷받침하는 가장 좋은 논거로

사용될 수 있다. 그러나 '연구 보고'를 활용할 때 "이 연구 보고가 그 분야에서 현재 훌륭한 것이라고 인정받으며 이것과는 상충하는 다른 연구 보고는 없는가?"를 질문해 보아야 한다.

F. **표본 조사** – 연구를 수행하기 위해 사건이나 사람을 선정하는 과정을 '표본 추출'이라고 한다. 표본은 주장을 정당화할 수 있을 만큼 커야 하며 충분한 다양성을 지녀야 한다. 그리고 표본 추출은 편파적이지 않고 무작위적이어야 한다. 표본 추출을 통해 자료를 제시할 경우 "표본의 폭은 얼마나 넓으며, 얼마나 무작위적인가?" 확인해야 한다.

G. **통계치 조사** – 토론에서 주장을 뒷받침하기 위한 방법으로 흔히 통계를 제시한다. 통계는 구체적인 숫자로 표현된 자료이기 때문에 확실한 증거로 여겨진다. 그러나 흔히 잘못된 통계나 증거로서 효력이 없는 통계를 제시하는 경우가 있다. 특히 대표 값을 제시할 때, 그것이 '산술평균치'인지 '중간치'인지 아니면 '최빈치'인지 유의해야 한다. 따라서 어떤 통계를 자료로 채택할 때에는 "이 통계자료에서 사용되는 대표값은 산술평균치인가, 중간치인가 아니면 최빈치인가?" 질문해 봐야 한다.

H. **유비 추론** – '만약 어떤 두 대상이 어떤 한 가지 점에서 비슷하다면 이들은 아마도 다른 점에서도 마찬가지로 유사할 것이다'라는 식으로 추론하여 논거를 제시하는 경우다. 어느 대상이든 얼마간의 유사성은 항상 존재한다. 때문에 단순히 유사성이 많다고 해서 그 논거

를 강력한 것으로 쉽게 판단해서는 곤란하다. 비교되는 두 대상이 유사성은 많은 반면 차이점이 거의 없다면 이 경우 강한 유추가 가능하다. 따라서 "비교되는 두 대상이 서로 유사한 면과 다른 면을 어느 정도 지니고 있는가?" 질문해야 한다.

위와 같이 자료조사를 통해 자기 팀의 입장을 뒷받침 할 핵심논거와 근거자료를 정리하고 동시에 상대 팀의 예상되는 핵심논거도 예측한다. 근거자료는 충분히 확보하고 세부 내용별로 범주화하여 정리해 둔다. 모든 자료들은 출처를 명확히 하여 근거로서의 힘을 잃지 않도록 해야 한다. 자료조사 과정을 통해 토론의 중요한 토대가 완성되면 이를 일목요연하게 정리하는 토론 개요서를 작성해야 한다.

### ④ 토론 개요서 작성

논제에 대해 논점을 분석하고 자료조사를 했다면, 이제 자료를 정리해서 토론 개요brief서를 만들어야 한다. 토론 개요서란 논제에 대해 어떤 논점들을 중심으로 전체 토론이 진행될 것인가를 예상하는 논리적 지도다. 토론 개요서는 논점 분석을 통해 찾은 찬반 핵심 논거와 중요 자료들이 망라되고 예상할 수 있는 토론의 흐름이 정리되어 있다. 토론 개요서는 본격적으로 토론을 실행하기 위해 중요한 핵심 정보를 정리해 놓는 작업이다.

토론 개요서에서 중요한 것은 자기 팀의 입장을 강화하기 위한 논거와 이를 뒷받침하는 근거자료를 체계적으로 범주별로 정리하는 일이다. 근거자료는 수집된 모든 자료가 아니라 대표적인 2~3개의 자료를 중심으로 한다. 또한 방어와 비판을 하기 위한 논거 및 근거자료도 정리한다. 상대팀을 비판하기 위한 자료만이 아니라 상대로부터 비판을 받았을 때 방어하기에 효과적인 자료도 배치한다.

효과적인 토론을 위해 자신의 입장만이 아니라 찬반 예상되는 핵심논거들을 정리해 놓아야 한다. 어떤 점에서 취약성을 보일지 전체 토론의 흐름을 토론개요서를 통해 예상하고 이에 대처할 수 있는 근거자료를 준비해야 한다. 따로 논거카드를 준비하여 토론 개요서와 함께 실전에서 사용할 수 있도록 한다.

토론 개요서의 내용은 간단하고 명료한 단문 위주의 문장으로 표현한다. 일관된 기호체계와 형식을 통해 토론의 전체적인 흐름이 분명히 드러나도록 한다. 이는 순발력을 필요로 하는 토론 상황에서 논거와 증거들을 쉽게 활용하기 위함이다.

〈토론 개요서 예시〉

| 논제: "사형제 실시해야 한다" | |
|---|---|
| 〈찬성〉<br>자기 팀 입장: 사형제 실시에 찬성한다. | 〈반대〉<br>상대 팀 입장: 사형제 실시에 반대한다. |
| 핵심 논거1: 최근 몇 년 사이 아동 성폭행 등 흉악한 범죄가 기승을 부렸다.<br>근거자료1: 최근 유영철, 강호순 등 아동성폭행범의 범죄가 연일 대담해지고 잔인한 결과를 초래했다.<br>근거자료2: 과거에 비해 흉악한 범죄 발생이 훨씬 많아졌다고 범죄 전문가 A는 주장했다 | 예상 핵심 논거 1:<br>범죄 문제가 심각하다는 점에 대해서는 동의하지만, 사형제는 오판의 가능성을 갖기에 반대한다. |
| 핵심 논거2: 사형제는 흉악한 범죄를 근본적으로 예방 및 근절시킬 수 있다.<br>근거자료1: 여러 국가에서 사형제 실시로 인해 흉악한 범죄가 감소했다는 보고가 있다.<br>근거자료2: 형벌의 무게가 무거울수록 실제 범죄의 흉악성이 줄어든다는 연구결과가 있다. | 예상 핵심 논거 2:<br>사형제는 흉악한 범죄를 근절시키는 데 효과적이지 않다는 연구결과가 있다. |
| 핵심 논거3: 기존의 종신제로는 흉악한 범죄를 막을 수 없다.<br>근거자료1: 종신제가 실행되고 있지만 범죄의 흉악성은 결코 줄지 않았다.<br>근거자료2: 종신제는 흉악한 범죄를 근본적으로 해결할 수 없다는 여론이 대다수이다. | 예상 핵심 논거 3:<br>기존의 종신제를 수정 보완한다면 흉악한 범죄를 근절시킬 수 있다. |

**Exercise** | 자기 팀에 할당된 토론논제에 대한 찬성 또는 반대 입장을 뒷받침하는 토론개요서를 작성해보자. 위와 같이 논거 및 근거자료를 조사하고 비판 및 방어 전략을 세워보자.

## 2) 토론의 실행

### (1) 토론 모형

다양한 토론 모형들이 있다. 그러나 모든 토론의 공통점은 '입론, 확인질문(및 응답), 반론(재반론), 최종발언, 숙의시간' 등의 활동으로 이루어진다는 점이다. 교육토론의 경우 토론의 목표와 진행절차에 따라 CEDA 방식, 칼포퍼 방식, 의회 방식 토론 등 다양한 방식이 존재한다. 또 책을 읽고 토론하는 독서토론 방식도 있다. 토론 방식과 관계없이 토론의 결과는 토론 활동을 기본 원리를 숙지하고 제대로 활용했느냐에 따라 좌우된다. 토론을 효과적으로 실행하려면 각 토론모형에서 요구하는 활동에 대한 이해가 필요하다. 대표적인 교육토론모형을 살펴보면 다음과 같다.

〈CEDA 토론 모형〉

| 찬성 측 (토론자 2명) | | 반대 측 (토론자 2명) |
|---|---|---|
| ① 〈갑〉 첫 번째 입론 | → | ② 〈을〉 교차조사 |
| ④ 〈갑〉 교차조사 | ← | ③ 〈갑〉 첫 번째 입론 |
| ⑤ 〈을〉 두 번째 입론 | → | ⑥ 〈갑〉 교차조사 |
| ⑧ 〈을〉 교차조사 | ← | ⑦ 〈을〉 두 번째 입론 |
| ⑩ 〈갑〉 반론 | ← | ⑨ 〈갑〉 반론 |
| ⑫ 〈을〉 재반론 | ← | ⑪ 〈을〉 재반론 |

대표적인 교육토론으로 CEDA Cross Examination Debate Association는 각종 토론대회에서 많이 활용되고 있다. 교차조사 토론모형으로 불리며 이는 각 팀이 2인으로 구성된다. 각 토론자들은 입론, 질문, 반론을 각 한 번씩 갖게 되어 총 3회의 발언기회를 갖는다. 두 번의 입론이 있기에 자료조사의 중요성이 크며, 각 토론자의 스피치와 토론능력을 개별적으로 검증할 수 있다. CEDA 방식은 자신의 주장만 늘어놓는 토론이 아니라 상대방 주장에 대해 검토하고 질문하는 교차조사를 강조하고 있다. 찬성 측 토론자로 시작하여 찬성 측 토론으로 마무리 되기에 CEDA 방식에서는 찬성 측의 입증 책임의 부담이 크다.

〈칼 포퍼식 토론 모형〉

| 찬성 측 (토론자 3명) | | 반대 측 (토론자 3명) |
|---|---|---|
| ① 〈갑〉 입론 | → | ② 〈병〉 확인질문 |
| ④ 〈병〉 확인질문 | ← | ③ 〈갑〉 입론 |
| ⑤ 〈을〉 반론 | → | ⑥ 〈갑〉 확인질문 |
| ⑧ 〈갑〉 확인질문 | ← | ⑦ 〈을〉 반론 |
| ⑨ 〈병〉 반론 | → | ⑩ 〈병〉 반론 |

교육토론의 대표적인 모형으로 칼 포퍼Karl Popper 방식은 위와 같다. 이 토론모형은 "지식이란 예측과 반증을 통해 진보한다"는 칼 포퍼의 주장에 따라 반론에 중점을 둔 토론방식이다. 3인이 한 팀이 되어 진행되는 토론으로 입론이 1회인 반면 반론이 2회로 구성되어 있다. 확인질문이 입론만이 아니라 반론에도 있는 것이 특징이다. 각 팀의 갑과 병은 2회의 발언기회를 가지나 을의 경우 1회만 발언하므로 토론자간의 협동력이 더욱 중요하게 강조되는 토론 모형이다. 칼 포퍼 방식은 찬성으로 시작하여 반대 측으로 토론이 마무리되기에, 찬성 측과 반대 측 모두 자신의 주장에 대한 입증의 책임을 공평하게 갖는다.

〈토의식을 포함한 교육토론모형〉

| 찬성 측 (토론자 3명) | | 반대 측 (토론자 3명) |
|---|---|---|
| ① 〈갑〉 입론 | → | ② 〈을〉 확인질문 |
| ④ 〈을〉 확인질문 | ← | ③ 〈갑〉 입론 |
| ⑤ 〈병〉 반론 | → | ⑥ 〈갑〉 확인질문 |
| ⑧ 〈갑〉 확인질문 | ← | ⑦ 〈병〉 반론 |
| 자유토론(반대 측이 먼저 토론 시작) | | |
| ⑨ 〈을〉 반론 | → | ⑩ 〈을〉 반론 |
| ⑪ 〈병〉 최종 발언 | → | ⑫ 〈병〉 최종 발언 |

위의 토론모형은 칼 포퍼식 토론방식을 일부 변형하고 자유토론을 포함한 교육토론모형이다. 찬성 측과 반대 측 각각 갑, 을, 병 3명의 토론자로 이루어진다. 입론 1회, 반론 2회, 확인질문으로 구성되어 있으며 최종 발언을 새롭게 포함하여 3명의 토론자가 모두 2회씩 발언하도록 구성되었다. 또한 자유토론을 두어 발언 횟수와 역할에 구애받지 않고 충분히 토론을 하도록 하였다. 토론의 총 소요 시간은 숙의시간을 합해 60분 정도이지만 수업 중 토론시간은 상황에 맞게 조정할 수 있다. 각 발언은 제한 시간을 초과했을 경우 경고의 종이 울리며, 15초 이내로 발언을 마무리하는 것이 보통이다. 숙의시간을 두어 팀원들 간에 논의할 수 있는 작전 타임의 시간을 가질 수 있도록 하였다.

〈독서토론모형〉

| 단계 | 주요 활동 | 총 소요 시간<br>(팀별 제한시간) | 비고 |
|---|---|---|---|
| 제1 논제 토론 | 논제 제시 | 3분 | 비판팀 〈갑〉, 발언 1회 |
| | 숙의시간 | 2분 | |
| | 자유토론 | 15분 (9분) | 자유 진행 |
| 제2 논제 토론 | 논제 제시 | 3분 | 옹호팀 〈갑〉, 발언 1회 |
| | 숙의시간 | 2분 | |
| | 자유토론 | 15분 (9분) | 자유 진행 |
| 숙의 | 숙의시간 | 1분 | |
| 최종 발언 | 토론 정리 | 4분 (2분) | 각 팀 〈을〉, 발언 1회 |

위의 독서토론 모형은 텍스트를 분석하고 비판하며 생각을 나누는 토론방식을 접목한 것이다. 능동적인 독서과정을 위해 저자의 주장을 요약하고 텍스트에 대한 또 다른 입장을 정리해 보는 것이다. 저자의 시각에 동의하는지 혹은 비판하는지 입장을 정해 독자 스스로 발제를 하면서 주제를 심화시켜 나가는 독서토론 모형이다. 독서능력과 토론능력을 평가에 반영할 수 있도록 해당 저서에 대한 정확한 독해와 논증의 재구성 및 비판능력을 검토한다. 독서토론 과정을 통해 텍스트를 깊고 다양하게 읽어갈 수 있도록 하기 위한 토론모형이다.

〈글쓰기 동반 독서토론모형〉

| 단계 | 주요 활동 |
|---|---|
| 텍스트 이해 토론 | 교수자의 연구문제 제시 → 모둠별, 모둠 간 토의식 토론 → 연구문제의 답안 수정 및 보완 → 텍스트의 현실 적용을 옹호하는 논제 선택 |
| 텍스트 적용 토론 | 논제에 대한 찬반의 대립 입론 소개 → 반론 및 재반론의 자유토론 → 최종 변론 |
| 논술문 쓰기 | 서론: 텍스트의 입장 소개 → 현실 적용과 관련하여 이 입장에 대한 찬성 또는 반대 의견 표명<br>본론: 텍스트 입장에 대한 찬성 또는 반대 주장 정당화하기<br>결론: 텍스트에 대한 결론적 평가 요약 → 평가의 사회적 함의 제시 |

위의 토론방식은 읽기와 말하기, 쓰기를 결합한 토론모형이다. 교양 및 전공 수업에 쉽게 적용할 수 있다는 점에서 장점이 많다. 책을 읽고 생각한 것을 토의와 토론의 과정을 통해 글쓰기로 마무리하며 말하기 능력 뿐만 아니라 글쓰기 능력도 더불어 향상시킬 수 있는 매력이 있다. 이 모형은 세 단계로 이루어진다.

우선 텍스트에 대한 심층적 이해를 도모하기 위한 토의식 토론을 하며 연구문제에 대해 다양한 답안을 서로 교환하고 조율하는 과정을 담는다. 이러한 과정은 텍스트 저자의 생각을 좀 더 정확하고 깊이 있게 탐구하기 위함이다. 이를 통해 텍스트에 대한 이해가 완료된다.

다음 단계는 저자의 생각이 현실에서도 의미를 가질 수 있는지 따져보는 과정이다. 즉 저자의 생각을 옹호하는 논제를 선택하고 이에 대해 찬반의 역할을 나누어 대립적인 논쟁을 펼친다. 이 과정은 기존의 대립적 토론 방식을 반영하여 운영한다. 마지막 단계는 토론결과를 좀 더 심화, 발전시켜서 글로 풀어내는 논술문 작성이다. 이와 같은 독서토론과 글쓰기의 과정을 통해 텍스트에 대한 심층적 이해 및 평가 능력을 향상시킬 수 있다.

### (2) 토론 실행의 원칙과 방법

#### ① 입론constructive

입론(立論)은 말 그대로 토론을 하기 위해 자신의 주장을 세우는 발언이다. 입론을 통해서 논제에 대한 찬성과 반대 입장, 이를 뒷받침하는 이유나 근거를 제시한다. 이유나 근거는 객관적이고 전문적이며 신뢰할 수 있어야 한다. 상대 팀과 토론을 시작하기 위해 필요한 입장과 정보를 전달하는데 주안점을 두어야 한다. 찬성 측과 반대 측은 각각 어떠한 근거에서 논제를 긍정 또는 부정하고자 하는지 명료하게 제시해야 한다. 찬성 측과 반대 측이 근거를 들어 자신들의 입장이 타당성이 더 크다는 것을 입증하는 논리를 세우는 것이 입론이다. 따라서 입론은 일정한 원칙과 전략에 따라 이루어져야 한다.

토론은 찬성 측의 입론에서 시작된다. 찬성 측은 논제에 대한 자신의 입론을 명확하게 제시할 필요가 있다. 반대 측도 찬성 측의 논리를 공격하기 위해 찬성 측 입론에 대응하는 논리를 입론에서 구축해야만 한다. 찬성 측의 경우 논제를 채택할 때 기대되는 효과를, 반대 측의 경우 논제를 채택할 때 발생할 수 있는 폐해를 얼마나 설득력 있게 제시하는가에 있다. 입론에서 다루어지는 이러한 논의는 사전에 완전한 원고의 형태로 준비해 두는 것이 좋다. 입론은 각 입장에 대해 쉽고 간결하게, 체계적으로 작성해야 한다.

### 가. 찬성 측 입론 작성방법

찬성 측은 논제를 옹호하는 입장이므로 논제의 핵심 키워드에 대한 개념 정의를 해야 한다. 구체적 적용 범위도 제시할 필요가 있다. 모든 토론은 논제에 등장하는 주요 개념을 정확하게 정의하는 것에서 시작하기 때문이다. 개념 정의나 적용 범위 등을 명확히 하는 것은 개념적 불일치로 인한 소모적 논쟁을 피하기 위함이다.

찬성 측은 또한 논제가 제기된 배경, 논제의 현상에 관한 분석을 통해 자신의 주장을 펼쳐야 한다. 찬성 측 입론은 문제의 심각성을 청중이 공감할 수 있도록 제시하고 문제해결 방안에 주목하도록 해야 한다. 찬성은 법정에서 검사가 피고의 유죄를 입증하기 위해 증거를 제시하는 것처럼 변화의 필요성을 입증해야 할 책임이 있다.

입론은 논제에 대한 입장을 명확히 제시하는 것이 중요하므로 핵심 논거들을 제시해야 한다. 필수 쟁점에 따라 대표적인 논거를 제시한다. 각 논거는 두괄식구성으로 제시하고 첫 문장은 간단하고도 명료한 의미를 담은 단문 형식으로 표현한다. 각 논거의 근거자료는 너무 많은 양을 제시하지 말고 대표적인 자료 1~2개면 족하다. 입론의 종결은 다시 한 번 자기의 입장을 반복하는 것으로 끝낸다. 전체적으로 양괄식 구성을 통해 입론에서 필요한 정보 전달이 명확히 이루어지도록 한다.

〈찬성 측 입론서 예시〉

| 구 성 | 내 용 | 적 용 |
|---|---|---|
| 도입부 | 논제의 핵심 용어 및 개념 정의<br>논제의 배경, 현재 상황의 문제의 심각성 제시<br>본론 예고 | |
| 본문 | 찬성 입장을 뒷받침하는 핵심 논거 3~4개 제시<br>두괄식 구조로, 대표적 논거와 구체적 사례 제시 | |
| 종결부 | 주장 정리, 결언, 마무리 인사 | |

### 나. 반대 측 입론 작성방법

반대 측 입론은 찬성 측 입론의 흐름에 따라 구성한다. 찬성 측이 제시한 개념의 정의와 필수쟁점을 부정하는 입장에서 이견을 제시하는 방식으로 반대 측 입론을 구축하는 것이 효과적이다. 반대 측 입론도 찬성 측과 마찬가지로 도입, 전개, 마무리 순으로 작성한다. 도입에서는 찬성 측이 제시한 개념 정의와 주장에 대해 전체적으로 평가하는 과정이 필요하다.

반대 측은 찬성 측이 제기한 것에 대해 반증의 책임을 갖고 입론을 구축하게 된다. 그럼에도 찬성 측의 입론에서 부분적으로 타당한 의견에 대해서는 동의를 표하며 토론의 쟁점을 좁힌다. 상대측의 모든 의견을 무조건 비판한다면 대화적 문제해결이 되지 못하고 소모적 토론이 되기 쉽기에 찬성 측 주장에서 인정할 것은 부분적으로 인정해도 좋다. 'Yes–But'의 규칙을 활용하여 논의를 전개하는 것이다. 예컨대 "찬성 측이 주장하신 X 문제는 인정합니다. 하지만 ~측면에서 볼 때 동의할 수 없습니다" 식의 구조로 접근할 수 있다.

반대 측 입론에서 찬성 측과 견해를 달리하는 부분을 명확하게 제시해야 한다. 반대 측은 찬성 측이 주장하는 정책이 가져올 심각한 부작용의 예시를 제시하고 자신의 보수적인 입장을 뒷받침한다. 즉 찬성 측이 제시한 해결책에 문제가 있다는 점을 강조하면서 논제에 대한 반대의 입장을 전개한다. 반대 측 입론도 명료한 문장을 통해 대표적인 핵심 논거를 제시하고 1~2개의 근거자료를 통해 설명한다. 입론에서는 장황한 설명보다는 분명한 메시지 전달에 집중해야 한다.

〈반대 측 입론서 예시〉

우리 반대 측은 "____________________" 논제에 대해 반대합니다.

- 찬성 측 주장에 대한 총평(Yes–But 규칙 활용)
- 논제를 채택할 경우 부작용 강조

이에 대한 반대 측의 세 가지 논거는 다음과 같습니다.

첫째, "____________________" 때문입니다.

(핵심 키워드가 반영된 단문의 명료한 문장)

대표적 근거자료 1개 또는 2개 제시 및 설명

둘째, "____________________" 때문입니다.

(핵심 키워드가 반영된 단문의 명료한 문장)

대표적 근거자료 1개 또는 2개 제시 및 설명

셋째, "____________________" 때문입니다.

(핵심 키워드가 반영된 단문의 명료한 문장)

대표적 근거자료 1개 또는 2개 제시 및 설명

이상의 세 가지 논거들을 통해 저희 측은 "____________________"라는 논제에 대한 반대의 입장을 밝힙니다.

**Exercise** | 찬성 측과 반대 측이 효과적으로 입론을 구축하는 방법을 논의하고, 위에 제시된 입론서 예시를 활용하여 자신의 실습할 토론논제의 입론서를 완성해보자.

### ② 확인질문(cross-examination)

확인질문(確認質問)은 앞선 상대방 주장의 내용을 확인하기 위해 던지는 질문이다. 확인질문은 상대방이 펼친 입론이나 반론을 조사한다는 의미에서 '교차조사', '교차질문', '반대심문'으로도 불린다. 확인질문은 상대방 입론과 반론의 내용을 단순히 확인하는 행위가 아니라, 상대방 논리에 나타나는 문제를 부각시키기 위한 과정이다. 상대방의 입론과 반론에서의 불명료한 점을 확인하고 쟁점을 명확히 함으로써 이후에 전개될 반론의 토대를 구축하는 데 확인질문의 목적이 있다. 이런 이유로 날카로운 확인질문은 상대방의 말을 잘 듣고 그 속에서 허점이나 오류를 찾아낸다. '왜' 그렇게 말했는지 현상의 이면을 분석하고 비판적으로 살펴보며 질문거리를 찾아낸다.

확인질문은 바로 앞서 상대방 측 토론자가 했던 발언 내용에 한해서 확인하는 질문을 한다. 상대방 토론자가 발언하지 않은 내용이나 혹은 한참 전에 상대측의 또 다른 토론자가 발언했던 내용을 질문하지 않는다. 또한 상대방의 발언에서 정확히 이해되지 않는 내용에 대해 질문한다. 확인질문을 통해 상대방의 발언의 의도를 확실하게 파악해 두어야 한다. 확인질문은 무엇보다 중요한 논점이 무엇인지를 부각시키는 역할을 한다. 상대방 입론이나 반론 가운데 나중에 자신들의 논의를 유리하게 이끄는데 도움이 되는 내용이 있다면, 그것을 확인해 두는 것이다. 예컨대 "이 점에 대해서는 증거자료가 없군요"와 같은 방식의 발언이 그것이다. 나아가 상대방이 주장의 근거를 명시하지 않았을 경우 이에 대해 지적하면 효과적이다.

확인질문은 일문일답의 방식으로 질문하며 토론대화를 이끌어가야 한다. 하나의 질문이 끝나고 나서 다음 질문으로 넘어가야 초점을 잃지 않을 수 있다. 상대방이 예 혹은 아니오로 답하도록 단답형 질문을 던져야 한다. 질문 시간이 제한되어 있기에 상대방에게 긴 설명을 요구하는 형식의 개방형 질문을 던질 경우 오히려 상대방이 자신의 주장을 보강할 수 있는 기회를 주게 된다. 따라서 "예/아니오"의 답변이 가능한 질문이나 "A, B, C 중에서 어떤 것입니까"와 같은 방식의 질문을 던져 상대방이 짧게 답하도록 유도한다. 가장 중요한 점은 확인질문은 질문 시간이지 주장을 펼치는 자리가 아니라는 사실이다. 확인질문 시간에 상대에게 의견을 물으며 논의를 주고받거나 자신의 주장을 제시하며 반론하는 일은 피해야 한다.

Tips

### 확인질문에 대한 답변

- 확인질문을 받았을 때 질문을 받는 측은 반드시 대답해야 할 의무가 있다. 답변을 할 때는 적절하고 정확한 근거에 입각해서 답한다. 토론의 확인질문에 대한 응답은 근거에 입각해서 논의를 전개하는 방식이 좋다. 질의자로부터 근거를 설명할 시간을 제지당할 가능성이 있기 때문에, 입장을 먼저 말하는 "그렇다. 왜냐하면~"과 같은 방식이 아니라, "~이므로, 그러하다"와 같은 방식으로 대답하는 것이 효과적이다.

- 확인질문을 받은 것에 대해 역으로 질문하지 않는다. 응답자가 거꾸로 질문자에게 질문을 하는 것은 잘못된 응답이다. 가령 "왜~무엇인가?"라고 질문을 받고 "왜~이 아닌가?"라고 대답하는 것이 그것이다. 나중에 답하겠다고 답변의 부담을 뒤로 갖고 오기보다는 그 자리에서 최선을 다해 질문에 대한 해당 답변을 하는 것이 좋다.

---

**Exercise** | 찬성 측과 반대 측 모두 상대방의 입론을 분석하고, 이에 대하여 어떻게 확인질문을 던지는 것이 효과적일지 조별로 논의해보자.

### ③ 반론rebuttal

반론(反論)은 토론의 꽃이다. 토론이 깊이 있게 진행되려면 찬성 측과 반대 측이 상대방의 주장에 대해 적확한 반론 및 재반론을 펼쳐야 한다. 반론은 바로 앞서서 피력된 상대방의 발언을 대상으로 논증의 문제점을 드러내는 행위다. 상대방의 주장과 근거의 신뢰성, 타당성, 공정성을 비판적으로 분석하여 논리적 허점을 지적하는 것이다. 즉, 상대방의 주장이나 근거자료의 오류를 파악하고 그것이 왜 잘못인지를 공격하는 행위가 반론이라고 하겠다. 동시에 반론에서는 자신의 약한 부분을 충분히 설명하면서 방어하는 기회이기도 하다.

재반론은 상대방이 반론을 펼쳐 자신의 논증이 약화되었을 경우 자신들의 논증에 가해진 비판에 대해 다시 반론을 펼침으로써 자신들의 논증을 보강하는 행위다. 반론 및 재반론의 목적은 비판을 통해 상대방이 펼치는 논증의 힘을 약화시키고 자신의 입장을 강화하는 것이다.

반론 및 재반론을 잘하기 위해서는 먼저 상대가 주장하는 원리를 일반적이고 포괄적인 다른 원리에 적용하여 모순된 점을 찾는다. 이어 상대가 주장하는 원리에 맞지 않는 사례를 제시함으로써 그 원리가 부적절하다는 것을 지적한다. 마지막으로 제시된 원리를 모든 상황에 적용하는 것은 무리가 아닌지 검증한다.

반론 및 재반론 과정에서는 앞서 진행된 상대방의 발언과 관계없는 새로운 주장을 펼쳐서는 안 된다. 상대방 토론자가 언급한 내용과 전혀 관계가 없는 새로운 주장을 반론 및 재반론에서 펼쳐서는 안 된다. 또한 우리 측에 가해진 비판에 대응해야 한다. 무엇보다 토론의 승패는 반론과 재반론에서 결정된다. 반론은 상대방 논증에 대한 비판은 한두 가지의 본질적 내용에 집중하여 이루어져야 한다.

비판이 힘을 얻기 위해서는 그것이 얼마나 설득력이 있느냐에 달려 있다. 상대가 주장의 근거로 제시하는 이론과 통계, 사실, 사례가 참인지 거짓인지 검증해서 오류가 있음을 지적하는 것이다. 따라서 반론에서 큰 역할을 하는 것은 비판의 대상이 왜 문제인지 청중이 공감할 수 있도록 구체적으로 설명하는 것이다.

테니스나 탁구 경기에서 선수들이 랠리를 이어가듯이 찬성 측과 반대 측이 상대방 논증에 대하여 반론과 재반론을 끊임없이 이어가는 데 토론의 묘미가 있다. 따라서 상대방의 반론이 없기를 바라는 소극적인 자세로 토론에 임해서는 안 된다. 오히려 상대방이 제기한 반론을 즐기는 자세로 토론에 임해야 한다. 또한 반론은 내용도 중요하지만 어떻게 표현하느냐도 중요하다. 이를 위해 청중이 쉽게 이해할 수 있도록 문장이나 어휘가 명확해야 설득력이 있다.

Tips

## 반론 및 재반론 방법

- 상대방 논증을 비판할 때는 구체적인 비판대상을 인용해야 한다. 상대방이 했던 말을 요약하고 그것에 동의하지 않는 이유를 밝히는 방식으로 반론을 전개한다. 비판하는 구체적인 부분을 인용하는 것은 상대방 발언을 경청하였다는 증거이기도 하고 적확한 문제제기에도 도움이 된다. 따라서 반론을 할 때는 상대 주장을 메모하며 반론거리를 찾아야 한다. 미리 예측하고 반론 리스트를 준비하면 효과적이다.

- 상대방으로부터 비판을 받았을 경우 우선 방어한 다음 상대방 논증을 비판해야 한다. 이 점은 토론에서 매우 중요한 에티켓이자 소양에 해당한다. 상대방의 비판을 경청하지 않으면서 자기의 비판이 존중받기를 바랄 수 없기 때문이다. 주장에 대해 반응하고 또 이에 재반응하는 것이 반론의 속성이다. 따라서 상대방 비판에 어떤 형식으로든지 대응하는 반론과정은 중요하다.

**Exercise** | 찬성 측과 반대 측 모두 상대방의 입론을 분석하고, 상대방 입론의 각 논점에 대하여 어떻게 반론할 것인지 논의해보자.

**Exercise** | 찬성 측과 반대 측 모두 상대방의 반론을 예상해보고, 이에 대해 어떻게 재반론을 전개하는 게 효과적일지 토론실습을 하는 팀의 구성원들과 상의해보자.

### ④ 최종발언concluding remarks

최종발언(最終發言)은 토론의 마지막에 펼치는 최종 변론이다. 다양한 쟁점에 대한 논쟁과정을 통해 도출된 의견의 합의점과 차이점을 분석하고 종합하여 마지막으로 의견을 개진하는 것을 말한다. 최종발언은 기존 입장의 수정 및 보완을 통해 변증법적으로 입장을 조정하는 안을 포함할 수도 있고, 최초의 입장을 그대로 고수하면서 타협점이 없는 결론을 제시할 수도 있다. 하지만 입장 조정안이 없는 최종 의견도 상호 입장에 대한 이해 및 존중을 통한 논쟁과정의 결과라면 '소통'의 토론이 실현된 것으로 간주할 수 있다.

최종발언은 주요 논점에 대해서 자기 팀이 펼친 주장 및 비판에 대해서 일목요연하게 정리하면서 최종적으로 자기 팀의 입장을 임팩트 있게 피력해야 한다. 이 때 유의할 점은 장황하게 상대방의 논거들을 비판하지 말고 자신의 최종 입장을 핵심적인 논거로 다시 한 번 정당화하는 데 초점을 두어야 한다는 것이다. 지금까지의 논쟁결과를 짧지만 호소력 있는 표현으로 마무리하는 것이 청중들의 공감을 훨씬 많이 얻을 수 있다.

토론을 정리하는 최종 발언은 무엇보다도 논쟁의 결과에 대해 종합하고 압축하는 내용을 담고 있어야 한다. 최종 결론을 제시하면서 상대의 의견에서 타당한 것은 인정하면서 자신의 의견에서 강조해야 할 점은 다시 한번 부각시키는 과정이다. 이에 반론과 재반론의 논쟁 과정에서 기존의 입장에 다소의 변화가 있었다면 이를 반영하는 최종발언이 나와야 한다. 즉 최종발언의 서두에서 상대방 팀 입장의 타당한 측면과 자기 팀 입장의 한계점을 인정하되, 자신의 주장을 다시 한번 효소력있게 강조해야 한다.

핵심 논점에 대해 상대방 팀과 전혀 접점이 없이 토론이 마무리되는 경우, 사안에 대한 자기 팀과 상대방 팀 입장이 어디에서 차이가 있는지 일목요연하게 제시한다. 상대방 팀과 어떤 점에서 본질적으로 입장 차이가 있는지 짧고 분명하게 설명한다. 이후 자기 팀의 입장이 더 타당하다는 것을 입증하며 감성에 호소할 수 있는 수사적 표현을 활용하여 메시지를 인상 깊게 전달한다.

Tips

**최종발언의 방법**

- 너무 장황하지 않도록 단순하고 명료한 논리전개를 사용하라.
- 전달하려는 핵심 메시지는 최대한 간결하게 구성하고 쉽게 표현하라.
- 강조하려는 바를 큰 목소리와 제스처로 부각시키고 적극적으로 청중을 바라보며 핵심 메시지를 전달하도록 시선을 유지하라.

### ⑤ 자유토론

자유토론은 입론, 확인질문, 반론 등 발언자 및 발언시간에 있어서 제약이 없이 누구나 자유롭게 의견을 개진할 수 있는 토론이다. 자유토론은 일정한 규칙의 제약이 적기에 상대방 팀과 열띤 공방을 펼칠 수 있는 장점이 있다. 하지만 자유토론이 발언의 제약을 적게 받는다고 해서 아무런 원칙 없이 진행되는 것은 아니다.

기본적으로 자유토론도 상대방에 대한 존중이 있어야 한다. 뿐만 아니라 자기 팀 동료에 대한 예의도 있어야 한다. 토론 상대방이 말할 때 경청하는 자세와 태도 그리고 필요할 때 "인용하기"를 통해 적극적으로 경청의 반응을 보여야 한다. 아울러 발언권을 독점하여 자기 혼자 팀의 입장을 피력하는 것도 피해야 한다. 이는 팀 동료에게도 피해를 줄 뿐만 아니라 토론 결과에도 부정적으로 작용할 수 있다. 항상 협력하는 자세로 팀 전체의 논증과정에 힘을 보탤 수 있도록 해야 한다.

자유토론은 앞서 진행된 반론의 논쟁과정을 연속하는 내용을 담는다. 자유토론의 경우 발언시간과 발언자의 제한이 없이 진행되므로, 효과적으로 발언하는 전략을 짤 필요가 있다. 주요 쟁점에 대해 상대방의 입장은 비판하고 다른 한편으로 자신의 입장을 정당화하는 내용이 자유토론에서 이루어진다. 자유토론을 효과적으로 하려면 우선 상대방의 문제제기나 비판에 대응해야 한다. 부적절하다고 판단되는 비판에 대해서는 근거를 들어 퇴짜 놓고, 합리적으로 타당하다고 생각되는 비판은 수용하며 논의를 풀어나간다. 상대방에 대한 비판은 비판대상에 대한 분명한 인용을 통해 시작하고 적절한 근거를 통해서 비판의 이유를 설명한다.

### ⑥ 숙의시간

교육토론의 경우는 발언자의 역할과 순서가 정해져 있다. 토론자는 순서에 따라 발언하는 과정에서 팀원과의 의견 교류가 필요할 때 자신의 발언 전에 숙의 시간을 요청할 수 있다. 숙의 시간은 토론자들이 자시늬 필요에 따라 언제라도 사용할 수 있는 유연한 경우도 있지만, 각각의 발언에 앞서 두 팀 모두에게 숙의시간을 사용할 수 있도록 하는 고정식 숙의시간도 있다.

상대팀의 반론이나 질문을 미리 예상하고 준비한다고 할지라도, 예상과 다른 내용이 제시될 경우 당황하기 쉽다. 이때 숙의시간을 요청하여 팀원과 숙의할 필요가 있다. 제한된 숙의시간을 가능한 한 효과적으로 활용하기 위해서는 팀원 간에 핵심어만으로 소통할 수 있도록 논지를 서로 공유해야 한다. 이를 위해 눈빛만으로도 서로 소통할 수 있을 만큼 많은 연습이 필요하다.

### 3) 토론의 평가

#### (1) 평가 기준

토론을 평가하는 것은 토론에 대해 반성적으로 되돌아볼 기회를 갖는 일이다. 동시에 설득력 있는 논증이 무엇이며 어떤 방식으로 주장을 표현하는 것이 청중을 효과적으로 설득시킬 수 있는 것인지를 생각해보고 배우는 기회이기도 하다. 그렇다면 토론은 어떤 기준 아래 평가되는가?

**① 논증력 – 적절한 논증 제시 능력에 대한 평가**

토론의 승패는 논증력에 달려 있다. 논제에 대한 찬반 주장에 대해 제시된 논거들이 과연 적합한 것인지, 구체적이고 정확한 증거자료에 입각한 것인지, 혹은 시기적으로 적절한 것이며 참신한 것인지를 평가한다.

**② 반론능력 – 논리적 추론 능력 및 반론 능력에 대한 평가**

상대 팀이 제시한 논증에 대해 주장과 논거가 적절하고 일관성이 있는지 분석하고 추론한 다음, 정확한 근거를 제시하면서 상대방의 주장이나 비판을 효과적으로 논박하였는지를 평가한다. 또한 상대의 비판에 대해 적절히 반응하였는지, 상대의 주장이나 논거를 비판할 때 구체적인 대상을 인용하고 반론하였는지를 평가한다.

**③ 수사적 표현력 – 수사적 설득 기술에 대한 평가**

토론에서는 언어적 표현력도 중요하다. 문장과 어휘 선택은 적절한지, 애매한 개념들은 없는지, 인상 깊은 수사적 표현을 활용하였는지 등과 같은 표현 능력과 전달 방식에 대해 평가한다.

**④ 의사소통능력 – 적절한 경청 반응과 전달에 대한 평가**

토론의 첫 계명은 상대의 말을 경청하는 것이다. 서로를 존중하고 예의를 지키면서 토론을 했는지, 무시하는 태도는 없었는지, 인신공격이나 폄하하는 감정적 발언은 없었는지를 평가한다. 공적 말하기 장에서 지켜야 할 윤리나 상대방에 대한 정서적 배려 등이 제대로 이행되고 있는지를 평가한다.

**⑤ 팀워크 – 토론 내용의 일관성 및 팀워크에 대한 평가**

토론 진행 과정에서 특정 쟁점에만 매몰되는 것이 아니라 다양한 쟁점들이 다루어져야 하고, 자신의 팀에서 제기한 주장과 근거들이 전체적으로 일관성을 유지하고 있는지를 평가한다. 한 팀의 토론자들이 자신이 맡은 역할을 충실하게 수행하면서 팀워크를 효과적으로 발휘했는지 평가한다.

### (2) 토론 평가표

토론모형과 토론목적에 따라 다양한 토론평가표가 있을 수 있다. 정책토론, 독서토론인지, 사회자가 있는 패널토론인지 토론자 중심의 토론인지, 혹은 토의가 포함된 토론 등인지 어떤 토론모형인지, 또한 무엇을 평가할 것인지에 따라 토론평가표는 다양하다. 토론을 통해 함양하고 싶은 능력을 중심으로 평가기준을 삼고 토론평가표에 따라 토론과정을 평가하고 피드백을 제공해 보는 것이다. 단순한 체크만이 아니라 주관적인 의견을 포함하는 경우 평가서라고 부른다. 다음은 다양한 토론평가서의 사례다.

## 〈정책토론〉 평가서

**논제:** **평가자:**

<table>
<tr><th></th><th>평가 기준</th><th colspan="2">찬성팀:</th><th colspan="2">반대팀:</th></tr>
<tr><td>소통<br>태도</td><td>• 언어적 표현의 명료성<br>(목소리 크기, 강약완급)<br>• 시선처리, 경청, 상대를 존중하는 소통태도</td><td>5 4 3 2 1</td><td>(팀)</td><td>(팀)</td><td>5 4 3 2 1</td></tr>
<tr><td>입론</td><td>• 배경과 주장 및 논거를 체계적으로 제시했나?<br>• 적절한 논거를 통해 주장을 뒷받침했나?<br>• 주장에 대한 논거가 다양하고 참신한가?</td><td>5 4 3 2 1</td><td rowspan="2">1<br>(갑)</td><td rowspan="2">3<br>(갑)</td><td>5 4 3 2 1</td></tr>
<tr><td rowspan="2">확인<br>질문</td><td>• 확인질문에 효과적으로 답변하였는가?</td><td>+1 0 −1</td><td>+1 0 −1</td></tr>
<tr><td>• 상대 입장을 명확히 이해하는데 기여했는가?<br>• 상대팀 입론의 허점을 잘 지적했는가?<br>• 반론의 토대를 구축하는데 기여했는가?</td><td>5 4 3 2 1</td><td>4<br>(을)</td><td>2<br>(을)</td><td>5 4 3 2 1</td></tr>
<tr><td>반론</td><td>• 상대팀 주장이나 비판에 적절히 대응했나?<br>• 타당한 비판에는 인정하고 대안을 제시했나?<br>• 상대팀 논거를 인용하며 제대로 비판했나?</td><td>5 4 3 2 1</td><td rowspan="2">5<br>(병)</td><td rowspan="2">7<br>(병)</td><td>5 4 3 2 1</td></tr>
<tr><td rowspan="2">확인<br>질문</td><td>• 확인질문에 효과적으로 답변하였는가?</td><td>+1 0 −1</td><td>+1 0 −1</td></tr>
<tr><td>• 상대팀 반론의 오류를 명확히 지적했는가?<br>• 반론의 토대를 구축하는데 기여했는가?</td><td>5 4 3 2 1</td><td>8<br>(갑)</td><td>6<br>(갑)</td><td>5 4 3 2 1</td></tr>
</table>

| 자유 토론 | · 상대팀 비판에 적절히 대응하고 자기 팀의 입장을 잘 논증하고 방어했는가?<br>· 팀원 간의 협력은 잘 이루어졌는가? | 10 8 6 4 2 | (팀) | (팀) | 10 8 6 4 2 |
|---|---|---|---|---|---|
| 재 반론 | · 적절한 자료와 구체적인 설명을 통해 자신의 입장을 효과적으로 강화했는가?<br>· 상대팀의 이제까지 주장과 논의에 대해 모두 반론하였나? | | 9<br>(을) | 10<br>(을) | |
| 최종 발언 | · 토론의 결과를 잘 정리했는가?<br>· 상대방 의견 중에서 타당한 점을 인정했는가?<br>· 자기 팀의 입장을 최종적으로 잘 부각했는가? | 5 4 3 2 1 | 11<br>(병) | 12<br>(병) | 5 4 3 2 1 |
| | 합 계 | ( )점 | | ( )점 | |
| 총평 | 찬성팀 | | | | |
| | 반대팀 | | | | |

## 〈패널토론〉 평가서

**논제**

---

**평가자** | 전공: 학번: 이름:

---

| 사회자 | · 논제의 의의를 잘 부각하였는가?<br>· 토론규칙과 시간을 잘 관리했는가?<br>· 토론내용을 잘 요약하고 전달했는가?<br>· 논제에 중립적인 태도를 지켰는가? | | 이름:<br>총평: | |
|---|---|---|---|---|
| 토론자 | 찬성팀 | | 반대팀 | |
| 토론내용 | 핵심 논거 | | 핵심 논거 | |
| | 반론 | | 반론 | |
| 토론평가 / 피드백 | 잘한 점 | | 잘한 점 | |
| | 아쉬운 점 | | 아쉬운 점 | |

〈독서토론〉 평가서

**평가자:**

| 단계 | 평가 요소 | 평가 항목 | 텍스트 비판팀 | 텍스트 옹호팀 |
|---|---|---|---|---|
| 전체 | 토론 태도 | • 토론의 규칙과 예절을 준수하였나?<br>• 팀원이 고르게 토론에 참여하였나? | 15점<br>(　) | 15점<br>(　) |
| | 스피치 능력 | • 적절한 인용을 통해 텍스트 내용을 잘 전달하였나?<br>• 상대방 및 청중과의 소통능력이 탁월하였나? | 15점<br>(　) | 15점<br>(　) |
| 제1논제 토론 | 요약 및 발제 능력 | • 저자의 주장과 근거를 정확히 이해하였나?<br>• 텍스트의 내용과 관련된 핵심 논제를 제시하였나?<br>• 제시한 논제는 독창적이며 적절하였나? | 10점<br>(　) | |
| | 분석 능력 | • 제시된 논제를 정확히 이해하였나?<br>• 해당 논제에 대한 주장과 근거는 분명하고 타당하였나?<br>• 근거를 제시할 때 텍스트를 효과적으로 활용하였나? | 10점<br>(　) | 10점<br>(　) |
| | 비판 능력 | • 토론을 통해 자신의 주장을 심화시키는 데 기여하였나?<br>• 상대방 주장의 문제점을 적절히 지적하였나?<br>• 주장과 비판 내용이 서로 일관성이 있었나? | 10점 | 10점 |
| | 요약 및 발제 능력 | • 저자의 주장과 근거를 정확히 이해하였나?<br>• 텍스트의 내용과 관련된 핵심 논제를 제시하였나?<br>• 제시한 논제는 독창적이며 적절하였나? | | 10점<br>(　) |

<table>
<tr><td rowspan="3">제2논제<br>토론</td><td>분석<br>능력</td><td>• 제시된 논제를 정확히 이해하였나?<br>• 해당 논제에 대한 주장과 근거는 분명하고 타당하였나?<br>• 근거를 제시할 때 텍스트를 효과적으로 활용하였나?</td><td>10점<br>(　)</td><td>10점<br>(　)</td></tr>
<tr><td>비판<br>능력</td><td>• 토론을 통해 자신의 주장을 심화시키는 데 기여하였나?<br>• 상대방 주장의 문제점을 적절히 찾아 해결하였나?<br>• 주장과 비판 내용이 서로 일관성이 있었나?</td><td>10점<br>(　)</td><td>10점<br>(　)</td></tr>
<tr><td>문제해결<br>능력</td><td>• 텍스트 내용을 현실 문제에 잘 적용시켰나?<br>• 현실 적용의 방법과 수준은 탁월하였나?<br>• 문제해결과정에 텍스트의 의미가 잘 부각되었나?</td><td>10점<br>(　)</td><td>10점<br>(　)</td></tr>
<tr><td>최종<br>발언</td><td>종합<br>능력</td><td>• 텍스트의 의의와 한계를 정확히 파악하였나?</td><td>10점<br>(　)</td><td>10점<br>(　)</td></tr>
<tr><td rowspan="2">총평</td><td rowspan="2" colspan="2"></td><td>총100점<br>(　)</td><td>총100점<br>(　)</td></tr>
<tr><td></td><td></td></tr>
</table>

## 〈참고자료〉


- 강태완 외, 『토론의 방법』, 커뮤니케이션북스, 2001.
- 김은성, "우리나라는 고집불통의 사회", 〈중앙일보〉 2006.09.26.
- 고원, 「공감과 소통의 토론 교육과 연구 과제」, 『사고와 표현』 4-1, 한국사고와 표현학회, 2011, 103~123쪽.
- 김지연, 「TV 선거 토론 담화에 나타난 체면 위협 행위의 의사소통 양상 고찰」, 『화법연구』 40(1), 한국교양교육학회, 2018, 1~25쪽.
- 김태나, 「한국어 발화에서의 무례 연구: 무례 유형과 서양의 무례(mpoliteness) 유형 비교」, 『한국언어교육』 22(3), 한국교양교육학회, 2011, 99~131쪽.
- 로젠버그, 마셜, 캐서린 한 옮김, 『비폭력대화』, 한국NVC센터, 2017.
- 박보영, "토론교육 어떻게 할까 – 근거 자료 찾는 조사활동이 승패 판가름", 〈경향신문〉 2011.11.22.
- 박용한, 『토론대화 전략연구』, 대화분석연구총서4, 2003.
- 박승억, 신상규, 신희선, 이광모, 『토론과 논증』, 형설출판사, 2005.
- 박인기, 김슬옹, 정성현, 『토론교육: 무엇을 어떻게 가르칠 것인가』, 한우리, 2014.
- 백미숙, 「의사소통적-치료적 관점에서 듣기와 공감적 경청의 의미」, 『독일언어문학』 34, 한국독일어언어문학회, 2006, 35~55쪽.
- "사설- 토론과 민주주의 교육", 〈숙대신보〉 2011.11.14.
- 신희선, 「의사소통교육으로서의 '토론대회' 사례 연구 : 숙명여대 교육경험을 중심으로」, 『국어교육연구』 50호, 국어교육학회, 2012, 209~244쪽
- 유정아, 『유정아의 서울대 말하기 강의』, 문학동네, 2009.
- 조상주, "토론교실 – 토론은 왜 하는가", 〈중앙일보〉 2007.11.14.
- 조성민, 『논리와 토론』, 논술교육과학사, 2009.
- 조슈아 박, "당신의 토론엔 세 가지가 있습니까? – 선명한 주장, 합당한 근거, 과학적 증거", 〈중앙일보〉 2007.01.17.

- 조용길, 「성공적 토론을 위한 소고」, 『독어학 24』, 한국독어학회, 2011, 277~295쪽.
- 조용길, 「건설적 토론을 위한 대화원형」, 『독어교육 54』, 한국독어독문학교육학회, 2012, 129~147쪽.
- 조용길, 「토론대화의 협력성 연구」, 『텍스트언어학 43』, 한국텍스트언어학회, 2017, 249~271쪽.
- 조용길, 「논쟁적 토론의 반박행위에 나타난 체면전략 분석」, 『독어교육 74』, 한국독어독문학교육학회, 2019, 165~185쪽.
- Bousfield, D., *Impoliteness in interaction*, John Benjamins Publishing Company, 2008.
- Brown/Levinson, *Politeness. Some universals in language usage*, Cambridge: Cambridge University Press, 1987.
- Chen, Rong, *Self-politeness: a proposal, Journal of Pragmatics* 33, 2001, 87~106.
- Culpeper, J., *Towards an anatomy of impoliteness*, Journal of Pragmatics 25(3), 1996, 349~367.
- Eelen, G., A, *Critique of Politeness Theories*, Manchester: St. Jerome, 2001.
- Freeley, A.J., *Argumentation and debate: critical thinking for reasoned decision making,* Belmont CA: Thomson, 2005.
- Goffman, E., *Interaction Ritual: Essays on face-to-face behavior*, New York: Doubleday, 1967.
- Kienpointer, M., *Varieties of rudeness: Types and functions of impolite utterance.* Functions of Language 4(2), 1997, 251~287.
- Leech, G., *The Principles of Pragmatics*, London: Longman, 1983.
- Leech, G., *The Pragmatics of Politeness*, Oxford University Press, 2014.
- Sifianou, M., *Disagreements, face and politeness*, Journal of Pragmatics 44, 2012, 1554~1564.
- Stewart, M., *Protecting speaker's face in impolite exchanges: the negotiation of face-wants in workplace interaction*, Journal of Politeness Research 4(1), 2008, 31~54.
- Watts, Richard J., *Politeness, Key Topics in Sociolinguistics*, Cambridge University Press, 2003.

## 신희선

숙명여자대학교 정치외교학과에서 학사, 동대학교 대학원에서 정치학 석사와 박사학위를 취득하였다. 미국 사우스캐롤라이나 대학에서 국제정치학 박사후 과정을 밟았고, 2002년부터 숙명여자대학교 기초교양대학에 재직 중이다. 현재 한국교양기초교육원의 사고와 표현 교육 분야 컨설턴트로 활동하고 있으며, 주요 연구 분야는 토론과 협상, 읽기와 쓰기, 리더십과 의사소통, 여성과 젠더 문제 등이다.

## 조용길

한양대학교 인문과학대학 독어독문학과에서 학사학위, 동대학교 독어독문학과 대학원에서 독어학 석사학위, 독일 뮌스터대학교에서 일반언어학, 언어철학, 독일언어학 전공으로 박사학위를 취득하였다. 2010년부터 숙명여자대학교 기초교양대학에 재직 중이며, 주요 연구 분야는 화용론, 대화분석론, 문화간 커뮤니케이션, 관계적 의사소통 교육 등이다.


**비판적 사고력과 의사소통**

**인 쇄** | 2020년 03월 24일 초판 1쇄
**발 행** | 2020년 03월 26일 초판 1쇄

**저 자** | 신희선, 조용길, 경일대학교 교육과정혁신센터
**발행인** | 채희만
**출판기획** | 안성일
**영 업** | 한석범
**관 리** | 이승희
**편 집** | 최은지, 한혜인
**발행처** | INFINITYBOOKS

**주 소** | 경기도 고양시 일산동구 하늘마을로 158 대방트리플라온 C동 209호
**대표전화** | 02-302-8441 **팩스** | 02-6085-0777

**도서문의 및 A/S지원**
**Homepage** | www.infinitybooks.co.kr
**E-mail** | helloworld@infinitybooks.co.kr

**ISBN** | 979-11-85578-66-8
**등록번호** | 제25100-2013-152호
**가 격** | 17,000원